철학하는 50대는
미래가 두렵지 않다

철학하는 50대는
미래가 두렵지 않다

초판 발행 2020년 8월 3일

지은이 박윤진

펴낸이 이성용
책임편집 박의성   **책디자인** 책돼지

펴낸곳 빈티지하우스
주 소 서울시 마포구 양화로11길 46 504호(서교동, 남성빌딩)
전 화 02-355-2696   **팩 스** 02-6442-2696
이메일 vintagehouse_book@naver.com
등 록 제 2017-000161호 (2017년 6월 15일)

ISBN 979-11-89249-37-3 13320

철 학 하 는 회 사 원 이 직 접 겪 은 불 안 이 야 기

철학하는 50대는
미래가 두렵지 않다

불안이 물으면
철학으로 답하라

박윤진 지음

빈티지하우스
VINTAGE HOUSE

프롤로그

퇴직을 고민하던 어느 날, 버스에서 이상한 일이 벌어졌다. 무심코 손을 보고 있었는데, 내 손이 내 것 같지 않았다. 손가락 하나 까딱할 수 없고 감각도 없었다. 마네킹 손을 달아놓은 것 같았다. 짧은 순간이었지만, 이렇게 죽을 수도 있겠다는 공포는 강했다. 죽음이 주는 이물감에 불안했다. 지금껏 남의 일로만 알았던 죽음의 공포를 직접 겪은 것이다.

이리저리 알아본 결과는 충격이었다. 뇌기능 이상 또는 초기 중풍일 수도 있다고 했다. 극도의 불안이 찾아왔다. 삶이 허무하게 느껴졌다. 이렇게 살다 죽으면 개죽음 아닌가. 삶의 의미와 가치는커녕, 내가 누구인지조차 모르는데 뇌가 멈춰버릴지도 모른다니…

현대 의학의 힘을 빌려 뇌 검사를 받았다. 검진결과는 '특이 소견

없음.' 아무런 문제도 없단다. 건강하단다. 죽을 것 같던 불안은 현대 의학의 감시 카메라에 잡히지 않았다.

철학상담을 공부하면서 철학자들이 불안을 다르게 이해한다는 걸 알았다. 그들은 불안을 인간 존재의 문제로 봤다. 이 말은 인간으로 사는 한, 불안을 피할 수 없다는 뜻이다. 불안은 퇴직 스트레스 때문에 어느 날 갑자기 생긴 게 아니었다. 내가 인간이라는 증거였다.

하이데거는 불안을 양심의 부름이라고 불렀다. 양심은 나답게 살지 못하는 걸 참지 못한다. 불안은 흉내 내는 삶에 대한 일종의 경고였다. 양심이 불안을 시켜 나 좀 보자고 불러 세운 것이다.

여기에 나는 어떻게 응답할 것인가? 이에 대한 대답은 다른 사람이 결코 대신할 수 없다. 응답할 수 있는 건 오직 나뿐이다. 그 양심이 바로 나의 양심이고, 나의 양심이 문제 삼고 있는 것이 바로 나의 삶이기 때문이다.

퇴직이나 은퇴를 앞둔 선후배들과 이야기를 나누면서 의외로 돈이 가장 큰 문제가 아니라는 사실을 깨달았다. 불안이 더 문제였다. 불안하면 아무것도 할 수 없단다. 창업은커녕 사람조차 만날 수 없게 된다. 매사에 자신감이 없어진다. 가볍게 웃어넘기던 농담에도 버럭 화를 낸다.

불안은 여기서 그치지 않는다. 신체증상으로도 나타난다. 손이나 고개를 심하게 떨기도 하고, 나처럼 손이 갑자기 마비되기도 한다. 이런 증상과 불안이 계속되면, 안 그래도 버거운 삶, 딱 살기 싫어진다.

정신과 상담을 받고 항우울제를 먹는다는 선배도 있었다. 그러나 불안이 '나는 누구인가?' '나는 지금 어떻게 살고 있는가?'라고 묻는 양심의 목소리라면, 불안을 약물로 해결하는 데 한계가 있어 보인다.

불안은 내 삶과 직결된 문제다. 불안은 내 자신에 대해 스스로 묻지 않으면 해결할 수 없는 문제다. 불안은 삶의 무늬와 연결되어 있다.

50대 이상이라면 국민학교 시절, 교실바닥을 청소하다가 가시에 찔린 경험을 한 번쯤 해봤을 거다. 가시를 빼내기 위해 조심스레 손을 보다 보면, 지문과 만나게 된다. 지문은 오롯이 나의 것이다. 이 몸의 무늬는 나에게만 주어진 것이다. 이 세상에 똑같은 지문은 하나도 없다는데, 가시 덕분에 그걸 보는 것이다.

불안은 손에 박힌 가시 역할을 한다. 불안을 찾아 삶을 탐사하다 보면 내 삶의 무늬가 읽힌다. 내 삶이 여러 사람과 여러 층에서 만나고 있다는 사실도 깨닫게 된다. 가시에만 정신이 팔리면 살을 헤집게 되고 더 아프다.

불안도 마찬가지다. 불안 해결에만 몰두하다 보면 내 삶의 무늬를 놓칠 수 있다. 그동안 어떻게 살았는지 돌아보지 않으면, 불안은 치유될 수 없다. 가시 빼내기에 뾰족한 바늘이 필요하듯, 불안 해결에는 날카로운 질문이 필요하다. 이것이 철학이 필요한 이유이고, 이 책을 쓴 이유이기도 하다.

이 책은 나의 경험을 바탕으로 불안을 극복하는 과정을 철학상담의 관점에서 다뤘다. 50대와 불안에 관한 책들을 다독(多讀)했고, 나와 비슷한 처지의 선후배님들을 다독이고 싶은 마음으로 썼다. 책은 총 네 부분으로 구성되어 있다.

첫 번째 부분(1장~6장)은 내가 가진 내면의 가치를 다시 찾기 위해 먼저 걷어내야 할 것들을 적었다. 50대가 겪는 은퇴불안, 회사에서 겪었던 인지부조화 상황, 까놓고 말하지 못해 생긴 화병, 밥도 못해 쪼그라든 자존감, 왕년으로 돌아가고 싶은 과거형 마음 등을 모아 나름의 해결책을 제시했다.

두 번째 부분(7장~9장)은 50대의 인간관계에서 생길 수 있는 문제에 대해 다루었다. 그동안 나를 지지해 주던 소중한 사람들이 하나둘씩 떠나는 경험은 누구나 했을 것이다. 이혼이나 졸혼, 자녀와의 갈등, 동업했던 친구의 배신 등을 어떻게 받아들여야 할지, 어떻게 하면 상처받지 않을지에 대해 고민했다.

세 번째 부분(10장~13장)은 몸에 생길 수 있는 문제들, 즉 건강과 건망증 그리고 죽음을 다루었다. 건강을 과연 숫자로 판단할 수 있을까, 건망증은 뇌기능에 문제가 생긴 걸까, 사람들은 내 죽음을 어떻게 생각할까 등의 질문에 나름 이해한 하이데거 철학을 활용해 대답했다.

네 번째 부분(14장~20장)은 50대의 불안을 해결하기 위해 무엇이 필요한지 또 어떻게 회복시킬 것인지를 실천 중심으로 다루었다. 우선 항우울제나 수면제를 먹는 것이 옳은지부터 생각해봤다. 그다음, 나를 나로 만드는 시간, 공간, 규칙을 어떻게 확보할 수 있는지, 감각과 영감을 회복하기 위해 구체적으로 무엇을 해야 할지를 직접 해 보고 좋았던 경험을 바탕으로 소개했다.

철학상담은 결국 내가 나에게 묻고 그 질문을 통해 나를 발견해 나가는 자신과의 대화 과정이다. 그렇게 발견된 나를 다시 세상 앞에 세워 진정한 나의 가능성을 향해 걸어가도록 돕는다.

하나의 장이 끝날 때마다 관련 내용별로 자기상담과 자기발견을 위한 철학 노트를 넣었다. 처음에는 귀찮고 우스워 보여도 한 단어, 한 문장씩 쓰다 보면 놀라운 경험을 하게 될 것이다.

가족은 언제나 큰 힘이 된다. 조각 원고가 끝날 때마다 꼼꼼히 읽고 조언해 준 아내에게 고마운 마음을 전한다. 빛날 빈(彬) 자를 나눠 가진 수빈, 해빈, 찬빈은 내 인생을 반짝이게 해 준다. 글쓰기 초보인 나를 끝까지 믿고 응원해 주신 출판사에도 감사의 마음을 전한다.

마틴 셀리그먼은 행복을 두 가지 관점에서 설명했다. 첫 번째는 내 안에 있는 최고의 힘이 무엇인지를 다시 깨닫는 것. 두 번째는 그 힘을 자기 자신보다 더 크다고 믿는 무언가를 위해 사용하는 것.

아무쪼록 이 책이 50대를 살아가는 모든 선후배님들에게 작게나마 도움이 되길 바란다. 나아가 그들이 자기 안에 있는 최고의 힘을 다시 발견하고, 그 힘을 더 위대한 남은 인생을 위해 사용하는 데 도움이 되길 진심으로 바란다.

2020년 어느 날

박윤진

차례

1장

은퇴,
당신 탓이 아니다

김부장님 그만두셨단 소식
들었어요?

"정말이야? 30년 다닌 회사를 어떻게 그렇게 떠나시냐?" 오래전에 김부장님하고 소주 한 잔을 했었다. 그때 부장님 손이 파르르 떨리더니 소주가 반쯤 쏟아졌던 기억이 났다.

사실이었다. 선배는 그렇게 나갔다. 얼마 후 이메일이 한 통 왔다. 김부장님께서 직원 전체에게 보낸 것이었다. 퇴직인사가 대부분 그렇듯 제목은 "감사했습니다." '뭐가 감사하다는 거야?' 따지듯 마우스 끝으로 이메일을 쿡 찔렀다.

"30년 정든 직장을 이제 떠납니다. 이쯤에서 후배들을 위해 물러날까 합니다. 본의 아니게 저 때문에 상심한 분이 계셨다면 너그럽게 용서 바랍니다." 편지는 이렇게 시작되어 뿌옇게 눈을 어지럽혔다. 글에는 회사와 동료들에 대한 감사와 서운함, 미래에 대한 불안, 후배들을 향한 당부 등이 차곡차곡 쟁여 있었다.

이메일을 다 읽고 나니 만감이 교차했다. 떠난다는 말이 맴돌았다. 떠난다… 나도 떠나야 한다는 사실에 머리카락이 곤두섰다. 20년 차 회사원. 언제 퇴직해도 이상하지 않은 나이. 울컥했다. 사무실에서 울면 안 되는데, 어느덧 나도 모르게 눈물이 흐르는 나이가 되어버렸다. 먼저 나간 선배들 얼굴이 쭉 지나갔다. 모두 같았다. 저녁 술자리는 고사하고 점심도 혼자 먹었다. 사무실을 쩌렁쩌렁 울리던 불호령은 긴 침묵으로 변했다. 눈도 마주치지 않았다. 하루 종일 모니터만 바라봤다. 슬그머니 일어나 조용히 움직였다. 뭔가 부탁할 일이 있으면 마치 처음 보는 사람을 대하듯 조심스럽게 했다. 왜 그러냐며 아무렇지 않게 대할수록 선배들의 쓴웃음은 더 짙어졌다.

내가 사회생활을 시작할 무렵만 해도, 은퇴 소회를 말할 기회 정도는 있었다. 월례 조회 때 지나온 회사생활을 떠올리면서 말을 잇지 못하던 선배들의 모습이 아직도 눈에 선하다. 조회는 악수나 포옹으로 마무리되었고, 몇몇 직원들은 눈물을 훔치기도 했다. 요즘은 그나마 그런 형식적인 자리조차 없어졌다. 왜 그렇게 변했는지 아무도 모른다.

퇴직이란 말은 그 어떤 단어로 꾸며도 불안하다. '명예퇴직'을 명예롭게 생각하는 사람은 아무도 없다. '밀렸어'가 반복되다 '짤렸어'로 마무리되는 회사생활을 누가 명예롭다고 하겠는가. 전문가들이 최첨단 시스템과 논리로 개발한 성과평가는 공평타당하다고 했다. 따라서 좋던 나쁘던 그 결과는 언제나 고스란히 내 책임이다. 그래 맞다. 공정한 게임에서 능력이 없어 밀린 걸 누굴 원망하겠나. 내가 좀 더 잘했다면 결과가 달라지지 않았을까 후회도 남지만, 어쨌든 모두 내 탓이다. 조직은 아무 잘못도 없다. 그런데 답답하고 억울한 이 묘한 감정은 뭘까. 내가 나이를 먹고 싶어서 먹었나? 늙는 게 죄인가? 아직도 나는 그 누구보다 잘할 수 있는데 말이다.

은퇴,
당신 탓이 아니다

다르게 보면 은퇴는 개인 차원에서 어떻게 할 수 있는 문제가 아니다. 은퇴는 인구구조와 산업구조가 맞물린 우리 모두의 문제다.

피터 드러커는 인구를 '이미 와 있는 미래'라고 했다. 전염병, 자연재해, 전쟁 등이 없는 정상적 상황에서 인구를 인위적으로 어쩌진 못한다. 따라서 어떤 기간 동안 사람이 많이 태어났다면, 이들이 자라고 교육받고 취직하고 결혼할 때마다 다양한 사회적 문제가 발생한다. 학교가 부족하고, 일자리가 부족하고, 신혼집이 부족할 게 뻔하다. 피터 드러커는 이러한 문제들은 앞으로 분명히 벌어질 일이기에 '이미 와 있는 미래'라고 부른 것이다.

우리나라의 경우에는 베이비붐 세대가 그랬다. 1차 베이비붐 세대는 1955년에서 1963년 사이에 태어난 세대를 말하고, 2차 베이비붐 세대는 1964년에서 1974년 사이에 태어난 세대를 가리킨다. 한 통계에 따르면 1, 2차 베이비붐 세대가 약 1,500만 명에 이른다고 한다. 이들이 자라고 공부하고 일하면서 경제가 크게 성장했다. 이 1,500만 명은 한때 우리가 자랑했던 값싸고 우수한 노동력이었다.

1차 베이비붐 세대의 맏이인 1955년생은 2020년에 법정 노인 기준연령인 65세가 된다. 본격적으로 노인이 되기 시작한 이들만 71만 명에 달한다. 베이비붐 세대의 막내인 1974년생은 2020년에 만 45세가 된다. 설문 결과, 직장을 바꾸기 어려운 나이로 인식되기 시작하는 것이 바로 45세다. 아무리 경력직이라 하더라도 45세는 기업들이 선뜻 채용하기 어려운 나이다. 따라서 베이비붐 시대의 막내인 1974년생들의 직장생활도 안녕하지 못하다는 결론이 나온다.

비즈니스에서 부가가치를 생산하는 방법이 노동집약에서 자본집약으로 바뀐 지는 오래되었다. 엄청난 돈이 들어간 첨단기계들은 더 이상 사람의 힘이 필요 없다. 오히려 있던 사람도 내보내야 할 상황이다. 이러한 상황은 앞으로 더 심해지면 심해졌지 나아지진 않을 것이다. 벌써 인공지능(AI)이 금융상품 상담을 하고, 키오스크(kiosk)가 음식과 커피 주문을 척척 받고 있다.

재취업도 마찬가지로 어렵다. 고부가가치 산업화 경향은 자본과 기술 그리고 소수 엘리트들의 지식과 경험에 의존하기 때문이다. 게다가 우리가 어떤 세대인가? 국민학교라 불리던 나의 학창 시절, 우리 반은 60명을 넘어 70명에 가까웠다. 수업을 오전반과 오후반으로 나눠서 했다. 한 학년이 몇백 명이었다. 지금 웬만한 초등학교 전교생보다 많은 인원이다. 그 많던 친구들, 선후배들이 저 많은 집과 아파트 한 칸에서 살고 있다. 이미 은퇴했거나 은퇴를 코앞에 둔 채 말이다. 이렇게 말하긴 싫지만, 지금 나는 우리의 재취업시장도 북새통이라는 말을 하는 중이다. 결론적으로, 우리가 자랑했던 값싼 양질의 노동력들은 이런저런 사연을 안고 이미 와 있는 불안한 미래가 되어버렸다.

은퇴는 빨라지는 반면, 취업은 늦어지고 있다. 좋은 일자리를 잡으려면 더 많이 배워야 한다는 강박 속에서 각종 스펙 쌓기에 몰두하다 보니, 취업준비 기간은 길고도 길다. 늦은 취업은 늦은 결혼과 늦은 출산으로 이어진다. 따라서 은퇴 후에도 자녀 부양과 교육 등 사회적 의무가 산더미처럼 남아 있다. 우리나라의 법정정년제도는 은퇴연령을 60세로 본다. 늘어가는 평균수명을 고려하면 이 역시 빠르지만 선택적정년제, 명예퇴직제 등 다양한 조기 은퇴제도까지 생각해 보면, 사회 전체적으로 이미 은퇴했거나 은퇴를 앞둔 사람들이 말 그대로 급증하고 있다.

솔직 살벌한
'해고는 살인이다'

TV나 신문 등을 통해 한 번쯤 봤을 거다. '해고는 살인이다.' 이 말은 대한민국에서 일자리 불안이 어느 정도인지를 잘 보여 준다. '회사는 전쟁터지만, 회사 밖은 지옥이다'라는 말에 우린 진심으로 고개를 끄덕인다. 오죽하면 타워크레인이나 건물 옥상에 올라가 단식 농성을 벌이겠는가. 그 마음을 충분히 알고도 남는다. 호기롭게 일찍 퇴사했던 선배 하나가 불쑥 전화해서 놀란 적이 있다. 친하기는커녕 된통 싸웠던 선배지만, 그는 실직의 고통을 실감 나게 전해 주었다. "밖은 겁나 춥다. 버텨라!"

실직 상태에 있다는 사실은 당사자에겐 마치 살해당하는 것 같은 불안을 준다. 춥고 떨릴 수밖에 없다. 중앙심리부검센터가 자살사망자들을 생애주기별로 나눠서 분석해 발표한 적이 있다. 그 결과, 중년기(35~49세)와 장년기(50~64세)의 높은 자살 원인 중 하나가 실직으로 인한 스트레스로 나타났다. 실직으로 인해 자신의 처지를 비관하고 우울증과 가정불화에 시달린 끝에 극단적인 선택을 했던 사건들을 우린 잘 알고 있다.

당장 다음 달 월급이 나오지 않는다고 생각하면 가슴이 먹먹하다. 생활비에 은행 대출이자, 부모님 병원비, 아이들 학원비 등이 가슴을 옥죈다. 이런저런 걱정에 정작 불안한 자기 마음은 챙기지 못한다. 그러나 잊지 말아야 한다. 불안한 마음에 급하게 벌인 창업이나 투자는 위험하다. 수익성은 수익성대로 떨어지고 마음은 더 쫓기기 십상이다.

이쯤 되면, 어떤 독자들은 이렇게 말할 수도 있겠다. "은퇴를 앞두고 불안한 건 당연한 것 아닌가요? 당연한 말씀 그만하시고, 이제 해결방법으로 넘어가시죠." 이 책의 목적을 분명히 하는 아주 좋은 지적이다. 나 역시 '빨리빨리 DNA'를 물려받은 단군의 자손이다. 당장 해결책을 말하고 싶다. 하지만 아직은 아니다. 은퇴예정자들이 겪고 있는 불안이 어떤 원인에서, 어떤 양상으로 드러나는지 좀 더 살펴봐야 한다. 그래야 어떤 방법으로 불안을 다룰지가 가지런하게 보인다.

철학, 심리학, 정신의학, 프로이트 정신분석 등 다양한 불안 해결방법들은 그 원인 설명에서부터 출발한다. 원인을 확실하게 파악하지 않으면 아무 말도 할 수 없는 것이다. 마침 우리나라 은퇴예정자들이 겪는 불안을 연구한 보고서들도 있다. 앞으로 우리는 이 연구들을 통해 은퇴불안의 실체를 보다 현실적으로 볼 것이다.

우리 조상들이 뛰는 것을 좋지 않게 여긴 이유는 뭘까? 나는 이렇게 생각한다. 뛰면 호흡이 가빠지고 몸은 흥분된다. 따라서 마음도 급해진다. 흥분된 몸과 급한 마음은 세상을 대충대충 보게 만든다. 그러다가 정작 해야 할 말을 못 하거나, 꼭 챙겨야 할 사람을 서운하게 하면 나만 손해다. 뛰지 말자.

자기 영혼을 돌보기 위한 철학 노트 작성 Tip

소크라테스의 대화법을 흔히 '산파술'이라고 합니다. 산파는 산모가 아이를 낳을 때 돕는 사람입니다. 아이를 낳는 사람은 산모 자신이지, 산파가 아닙니다. 즉, 소크라테스는 자신과 대화를 나누는 사람이 스스로 새로운 생각을 할 수 있도록 옆에서 도왔을 뿐입니다.

기존 생각을 버리고 새로운 생각을 낳는 일은 출산에 비유할 만큼 힘들고 고통스러운 일입니다. 게다가 혼자 직접 해야만 합니다. 내 삶에 대한 내 생각이기에 그렇습니다.

하나의 장이 끝날 때마다 독자 여러분이 스스로 새로운 생각과 만날 수 있도록 질문 페이지를 만들었습니다. 질문과 대답을 통해 자신의 삶을 돌아보도록 할 것입니다.

소크라테스는 자기 영혼을 돌아보지 않는 삶은 가치가 없다고 했습니다. 이 질문들을 통해 자신의 삶을 돌아봄으로써 가치 있는 삶이란 어떤 삶인지 생각해 보시길 바랍니다.

이 책은 나만 볼 책입니다. 멋진 말은 필요 없을 테지요. 맞춤법 좀 틀리면 어떻습니까. 생각나는 대로 끄적거려 보세요. 불안을 해결하는 데 큰 도움이 될 것입니다. 이 말이 빈말인지 사실인지 꼭 확인해 보시길 바랍니다.

자기 영혼을 돌보기 위한 철학 노트

심한 죄책감은 영웅적 자아상 때문에 생기는 경우가 많습니다. 나라면 충분히 할 수 있었음에도 불구하고 그렇게 하지 못했다는 반응인 것이죠. 지나친 겸손이나 자기 비하도 마찬가지입니다.

퇴직에 대해 지나친 죄책감이나 책임감을 느끼고 있다면 그 이유를 천천히 생각할 시간을 가져야 합니다. 내가 나를 어떻게 평가하고 있는지 분명해져야, 불안 해결의 출발점도 분명해지기 때문입니다.

1

은퇴에 대해 죄책감이나 책임을 느끼나요? 그 이유는 뭐라고 생각하세요?

2

죄책감과 책임은 벌어진 일에 대해 내가 통제할 수 있었다는
전제를 깔고 있습니다. 내가 좀 더 노력했다면 은퇴를 막을 수 있었을까요?
이에 대해 어떻게 생각하세요?

3

은퇴는 가을에 낙엽이 떨어지는 것처럼 자연스러운 현상으로
볼 수 있지 않을까요? 만일 이 말에 동의하신다면, 내가 은퇴 때문에 불안한
이유는 은퇴 그 자체 때문이 아니라 그 아래 숨어 있는 어떤 생각 때문은
아닐까요? 내 안에 숨어 있는 그 생각은 무엇일까요?

2장

불안하면
아무 것도 못 한다

은퇴?
은퇴예정자?

은퇴예정자들의 고통 양상을 살펴보기에 앞서, 은퇴와 은퇴예정자가 구체적으로 무엇을 뜻하는지 알아보자. 은퇴예정자란 글자 그대로 은퇴를 앞둔 사람을 의미한다. 그렇다면 은퇴란 무엇을 뜻할까? 은퇴는 주된 일자리의 중단, 즉 다른 직업 활동을 계속하더라도 가장 오랫동안 근무했던 직장을 떠난 시점 이후를 뜻한다. 은퇴 개념이 '가장 오래 근무한 직장에서 떠나는 것'이라면, 은퇴예정자는 이런 사건을 앞둔 사람을 의미한다.

은퇴예정자를 설명하기 위해 나이 또는 은퇴까지 남은 기간을 기준으로 삼는 방법도 있다. 은퇴를 준비하고 있다고 생각되는 40대 이상의 장년기 근로자, 정년퇴직제도가 있는 회사에서 정년퇴직을 3년 또는 5년 정도 앞두고 있는 사람, 은퇴와 노화에 대해 스스로 인식하기 시작하는 45세 이후 근로자 등이 학자들이 제시하는 견해들이다.

일반적으로 가장 널리 받아들여지고 있는 은퇴예정자의 나이는 45세 이상이다. 45세는 나이 때문에 새로 일자리를 얻기 어렵다고 구직자 스스로 생각하는 나이인 동시에 기업들 역시 나이 때문에 채용을 꺼리는 기준이다. 그러나 오늘날 우리 사회에서 45세는 너무나 젊다. 이 나이의 사람에게 노년이니 고령이니 할 수 있을까? 하지만 은퇴 현상을 전문적으로 연구한 사람들은 그렇게 부르고 있다. 이러한 객관적 기준에 놀라고 의아해하는 것 자체가 이미 내가 그 나이를 훌쩍 넘어섰기 때문에 생기는 반응일 수 있다.

우리나라에는 60세라는 법정 정년이 있다. 최근에는 이를 65세로 상향 조정하자는 이야기도 나온다. 60세든 65세든, 높아져만 가는 평균수명을 생각한다면 은퇴하기에는 여전히 이른 시기다. 한국인의 기대수명은 최근 통계청 발표 기준으로 82.7세이다. 60세에 은퇴하면 22.7년, 정년이 65세로 높아지더라도 17.7년을 안정적인 생계 수단 없이 보내야 한다. 22.7년과 17.7년은 결코 짧은 기간이 아니다. 뿐만 아니라 다양한 형태의 조기은퇴제도가 시행되고 있다. 따라서 많은 은퇴자들이 훨씬 긴 기간 동안 생계유지라는 원초적 불안에 시달릴 거란 사실을 어렵지 않게 추측할 수 있다.

중년층이 겪는
은퇴불안

은퇴예정자의 기준연령을 45세 이상이라고 한다면, 통상 우리가 중년이라고 부르는 연령대이다. 한 연구자가 중년기 은퇴불안 척도 (Middle-Aged of Retirement Anxiety Scale, 이하 'MARAS')를 개발했다. 이에 따르면 은퇴예정자의 고통을 심리적 요인, 신체적 요인, 경제적 요인, 사회적 요인 등 모두 4개 요인으로 분석하고 있다.

MARAS는 은퇴불안의 심리적 양상을 파악하기 위해 문항 내용을 다음과 같이 구성했다.

1. 나는 은퇴를 생각하면 속상하다.

2. 나는 은퇴를 생각하면 마음이 불편하다.

3. 나는 은퇴를 생각하면 걱정된다.

4. 나는 은퇴를 생각하면 초조하다.

5. 나는 은퇴를 생각하면 긴장된다.

조사결과, 중년층은 은퇴로 인해 자기 존재가치에 대한 근본적인 회의와 허무, 소극적 의사결정, 대인기피증 등을 느낀다고 한다. 심한 경우 우울증을 호소하기도 했다. 왜 아니겠는가? 자신이 가장 오래 다닌 삶의 터전을 떠나는데 그 심정은 당해 보지 않은 사람은 모를 것이다.

주의 깊은 독자라면 서술어들이 점점 강해지고 있다는 걸 알아차렸을 것이다. '속상하다, 마음이 불편하다, 걱정된다, 초조하다, 긴장된다'로 불안의 수준을 조심스레 나눈 것이다. 그러나 이것은 설문, 즉 언어로 불안을 측정하는 데서 생긴 어쩔 수 없는 구분이다. 사실 우리는 속상하면서 동시에 초조하기도 하고, 한편 긴장하기도 하니까 말이다. 따라서 우리는 이 질문들을 단편적으로 해석해서는 안 된다. 별생각 없이 '속상하다'를 선택했더라도, 그 안에는 수백, 수천 가지 불안한 감정이 뒤섞여 있다고 보는 것이 좀 더 정확할 것이다.

불안 원인에는 심리적인 것만 있는 것이 아니다. 신체적인 요인, 경제적인 요인, 사회적인 요인도 포함되어 있다. MARAS가 제시한 은퇴불안의 신체적 양상은 다음과 같다.

1. 나는 은퇴 후, 노인성 질병(치매, 우울증, 암, 치과 질환, 뇌졸중, 관절염, 퇴행성 질환) 및 성인병, 만성질환(고혈압, 당뇨, 심혈관 질환), 불치병에 걸릴까 두렵다.

2. 나는 은퇴로 인한 신체노화로 체력 저하, 기억력 감퇴, 근력감소와 질병이 걱정된다.

3. 나는 과식, 음주, 흡연을 절제하지 못하고 있어 은퇴 후 건강이 염려된다.

4. 나는 현재의 불규칙적인 생활 때문에 은퇴 후의 건강이 걱정된다.

5. 나는 은퇴 후 예상되는 불규칙적인 생활 때문에 무기력, 비만이 걱정된다.

은퇴에 따른 스트레스는 소화불량이나 만성두통, 손떨림 등으로 나타나기도 한다. 김부장님이 소주를 흘린 건 불안에 의한 손떨림일 수도 있다. 불면증도 흔한 현상이다. 시력 저하, 관절염, 탈모 등 노화를 상징하는 대표적 신체변화들은 불안감을 높인다.

'나'라는 인식 자체는 늙지 않는다. 다양한 경험과 지식이 쌓여 세월이 지날수록 확고해진다. 반면, 몸은 물리적 속성을 가지고 있다. 몸은 쓰면 닳고 고장 난다. 닳고 고장 난 신체는 고통을 준다. 사소한 증상부터 생각하기조차 싫은 암 같은 병명들 역시 극심한 고통을 떠올리게 한다. 신체적 고통은 은퇴불안을 더 깊게 만든다.

이제 우리가 가장 걱정하는 경제적 요인을 MARAS에서 어떻게 질문했는지 살펴보자.

1. 나는 은퇴 후, 개인적으로 준비해온 노후자금과 연금으로 생활이 가능할까 걱정이다.

2. 나는 은퇴 후, 경제적 어려움에 대해 퇴직금이나 연금을 어떻게 활용할 것인지에 대한 고민을 한다.

3. 나는 은퇴를 위한 경제적 준비의 필요성을 인식하나 저축, 연금, 보험, 퇴직금 등을 준비 못 해 걱정이다.

4. 나는 은퇴 후, 경제적 어려움이 예상되어 은퇴 후의 월평균 생활비가 얼마 정도 필요할지에 대해 생각해 본다.

5. 나는 은퇴 후, 질병으로 인한 의료비 지출과 물가 상승으로 인한 주택 구입 및 전세자금 등 목돈이 갑자기 필요해져서 가정의 재정상태가 어려워질까 불안하다.

사실 경제라는 말에는 멋있는 개념이 많이 들어가 있다. 아리스 토텔레스는 경제를 분배 정의의 문제로 봤고, '실천적 지혜(pronesis)'가 필요한 분야로 생각했다. 그러나 여기서 말하는 경제의 의미는 단순하다. 한 마디로 먹고사는 문제다. 의식주는 인간 삶의 기초 조건이다. 따라서 이게 해결이 안 되면, 한 인간 존재가 뿌리째 흔들릴 수 있다. 앞서 말한 중앙심리부검센터가 발표한 자살사망자의 특징 중 하나가 실직이라는 사실은 이를 잘 말해 준다. 꼭 그렇게 극단적이어야 하냐고 다그칠 분들에게는 영화 〈조커〉를 추천한다. '한 인간이 뿌리째 흔들린다'라는 문장을 생생하게 볼 수 있을 것이다.

먹고사는 문제를 반드시 내가 모두 해결할 필요는 없다. 선진국에서는 먹고사는 것, 아픈 것 등 기초복지 문제를 대부분 나라가 책임지지만, 아직 우리는 그런 수준까지 가진 못했다. 과거 우리에겐 효도라는 사적 부양 시스템이 있었다. 시제가 과거형이라는 점에 주목해 달라. 요즘 은퇴자의 경제문제를 효도로 해결하려는 사람은 거의 없을 것이다.

동네에서 폐지를 주우시는 어르신들을 어렵지 않게 뵐 수 있다. 은퇴를 앞둔 사람에게는 그런 모습도 남다를 수밖에 없다. 리어카를 뒤에서 밀거나, 얼마의 돈을 손에 쥐어드리는 것으로 이 문제를 해결할 수 있을까? 나 역시 미래의 내 모습을 보는 것 같아 이내 불안해졌다. 내가 너무 과민 반응하나 싶어 친구들에게 물어봤다. 다들 비슷한 심정이었다. 비슷한 불안감을 통해 이게 우리 모두의 문제구나 생각했다.

똑소리 나게 미래를 예측한 한 친구는 다른 친구들에게 구박받았다. 구박받은 그의 미래 예측은 이랬다. "미래사회는 종이 없는 사회야. 지금도 전자문서가 대세잖아. 게다가 3D프린터 때문에 상품도 직접 운반될 필요가 없어. 상품 정보만 이메일로 받으면 되니까. 그러니까 상품을 보호하기 위한 박스도 필요 없지. 우리가 주울 폐지 따윈 없을 거야."

마지막으로 MARAS가 제시한 은퇴불안에서 사회적 요인을 살펴보도록 하자.

1. 나는 은퇴를 하면 직장 동료들과 계속 연락하기 어려울 것이다.
2. 은퇴 후, 사람들은 결코 어떤 일을 함께하자며 나를 찾지 않을 것이다.
3. 현재 나의 사회적 지위, 위치는 은퇴를 하면 상실될 것이다.

나이는 사람의 첫인상을 좌우하는 사회적 판단 기준 중 하나다. 우리가 아무리 의식적으로 노력해도, 내 앞에 있는 사람의 나이가 나보다 많은지 적은지에 따라 표정과 태도가 달라지는 건 어쩔 수 없다. 사실 이건 문제가 아니라, 사람이라면 누구나 가진 자연스러운 반응이다.

어떤 회사는 은퇴예정자만을 한곳에 모아 근무하도록 만들기도 한다. 이럴 경우 이들의 생활 반경은 더욱 좁아진다. 다른 생각과 감정을 가진 다양한 연령층의 후배들과 자연스런 교류가 줄어들 수밖에 없다. 이에 따라 사회적 고립감이 높아질 위험이 크다.

직장에서의 사회적 관계는 어쩔 수 없이 이해관계와 얽혀 있다. 이해관계는 합리적으로 잘 따지고 계산하는 능력이 중요하다. 정서적 만족감보다는 긴장과 경쟁 그리고 결과가 중요한 전략적 관계다. 회사원들은 이런 이해관계 속에서 오랫동안 생활해 왔다. 그러나 은퇴 후 맞이하게 될 가족이나 동호회 등에서의 인간관계는 이해관계와는 본질적으로 다르다. 정서적 행복감이 최고의 미덕이다.

전략적 이해관계에서 정서적 만족관계로 기준을 바꾸는 게 말처럼 그렇게 쉬운 일이 아니다. 인생 대부분을 회사라는 영리조직에서 보낸 사람에게는 더욱 그렇다. 이기적이고 공격적인 말들이 나도 모르는 사이에 나오기 일쑤다. 가족들은 그 말에 당황해 얼굴을 붉힐 수도 있다. "내가 당신 부하직원이야? 왜 자꾸 명령이야!" 이런 반격을 당할지도 모른다.

이런 상황이 반복되다 보면, 어디서 무슨 말을 해야 할지 자신감을 잃어버린다. 자신감 상실은 열등감이나 분노를 수반하기도 한다. 열등감과 분노가 새로운 도전을 해야 하는 우리에게 유리할 리 없다. 재취업과 창업은 고사하고, 가족과 같은 아주 기초적인 대인관계마저 무너질 수 있다.

뭘 해야 하나?

지금까지 살펴본 바와 같이 은퇴불안은 여러 가지 측면을 동시에 가지고 있다. 그중에서 어떤 것이 더 중요하고, 어떤 것이 덜 중요하다고 말할 순 없다. 왜냐하면 불안이란 한 인간이 살면서 느끼는 복잡한 마음 상태 전체를 반영하기 때문이다. 따라서 은퇴불안의 신체적, 심리적, 사회적, 경제적 측면 중 일부를 붙였다 떼었다 할 수도 없다.

그럼에도 불구하고 우리의 은퇴준비는 경제적 측면을 지나치게 강조하고 있다. 기-승-전-돈이다. 빨라진 은퇴, 어려운 재취업, 남아 있는 사회적 의무를 생각해 보면 돈이 은퇴불안의 핵심으로 보일 수 있다.

그래서일까? 은퇴준비 프로그램들을 살펴보면 돈 이야기가 대부분이다. 다시 벌어야 한다, 그렇지 않으면 큰일 난다는 긴장과 불안을 은퇴자에게 전달한다. 긴장하고 불안한 마음으로 준비하는 재취업이나 창업이 맘 편할 리 없다.

국내 은퇴준비 프로그램 중 상대적으로 좋은 평가를 받고 있는 공무원 대상 은퇴준비 프로그램을 한번 보자. 공무원연금공단에서 진행되는 교육은 〈표 1〉과 같다.

프로그램을 한마디로 요약하자면, 먹고살기 위해 뭔가 해야만 한다는 것이다. 인생 2모작은 이제 기본이다. 인생 3모작, 4모작을 위해 당신이 꼭 알아야 하는 것만 간추려도 이만큼이다. 정부지원도 이렇게 많은데 못 챙겨 먹으면 당신만 손해다. 이런 메시지들을 주려는 듯하다.

한번 생각해 보자. 짧게는 10년, 길게는 30년 이상 다닌 직장을 떠나는 사람의 기분을 말이다. '그동안 참 고마웠다. 나 이제 인생 후반전을 시작하니, 응원 부탁해' 하며, 쿨하게 출발하는 사람은 많지 않다. 불안하기 짝이 없다.

'뭘 해야 하나?'는 은퇴를 준비하는 사람들이 가장 많이 하는 말이다. 그러나 문제는 뭘 할까가 아니다. 불안하면 아무것도 할 수 없다. 만사가 귀찮다. 괜히 우울하다. 그런데 이런 사람들을 모아놓고 다시 돈을 벌어야 한다며 뭔가 배우라고? 교육효과가 높을 리 없다.

표 1 공무원연금공단 운영 재직공무원 대상 은퇴설계

과정명		교육대상	교육기간	교육내용
미래설계	정규과정	은퇴예정 5년 이내	4박 5일 합숙 (30시간)	▶ 6개 영역(변화관리, 자산, 건강, 대인관계, 여가·주거, 일 찾기) 은퇴설계 ▶ 생활법률, 세무상식, 연금제도 소개 ▶ 현장탐방(문화관광해설사)
	Life Plan	40, 50대 공무원	3박 4일 합숙 (24시간)	▶ 6개 영역(변화관리, 자산, 건강, 대인관계, 여가·주거, 일 찾기) 은퇴설계 ▶ 생활법률, 세무상식, 연금제도 소개 ▶ 현장탐방(문화관광해설사)
	주말과정	은퇴예정 5년 이내	2박 3일 합숙 (16시간)	▶ 6개 영역(변화관리, 자산, 건강, 대인관계, 여가·주거, 일 찾기) 은퇴설계 ▶ 세무상식, 연금제도 소개
	특화과정	기관특화 재직공무원 및 배우자	8박 9일 합숙 (60시간)	▶ 6개 영역(변화관리, 자산, 건강, 대인관계, 여가·주거, 일 찾기) 은퇴설계 ▶ 전직설계 분야별(재취업, 창업, 귀농귀촌, 사회공헌) 기본과목
전직설계	재취업	은퇴예정 2년 이내	4박 5일 합숙 (30시간)	▶ 자기진단/진로탐색, 자기설계 ▶ 잡서칭 활용법, 성공적 취업 전략 등 ▶ 현장탐장, 성공선배와의 만남
	창업			▶ 자기진단/진로탐색, 자기설계 ▶ 창업정부지원정책, 창업전략 등 ▶ 현장탐장, 성공선배와의 만남
	귀농귀촌			▶ 자기진단/진로탐색, 자기설계 ▶ 농촌문화적응과 갱동, 귀농귀촌전략 등 ▶ 현장탐장, 성공선배와의 만남
	사회공헌			▶ 자기진단/진로탐색, 자기설계 ▶ 사회적일자리, 시니어 해외봉사 등 ▶ 현장탐장, 성공선배와의 만남

여기서 한 가지 더 짚고 넘어갈 문제가 있다. 요즘 은퇴자 교육에 '죽음' 관련 내용이 많아지고 있다. 아마도 죽음을 통해 인생에 끝이 있음을 깨닫고, 자기 성찰의 기회를 주기 위한 것으로 짐작된다. 그러나 은퇴를 앞둔 사람은 불안하다. 적절한 도입 설명이나 맥락 없이 구색 맞추기식으로 죽음에 대해 말한다면, 안 그래도 불안을 억누르고 있는 사람들에게 더 큰 불안을 줄 수 있다.

어떤 죽음 교육의 경우, 유언장 작성이나 관 속에 직접 들어가는 입관 체험을 하기도 하는데 신중할 필요가 있다. 죽음준비 교육을 통해 원하는 교육효과를 얻으려면, 죽음에 대한 피상적인 정보나 충격적인 정서 전달은 조심해야 한다.

죽음은 삶의 본질적 문제를 자기에게 물어보는 중요한 계기이다. 아리스토텔레스나 하이데거 등 철학자들이 제기한 질문들을 활용하는 것이 자기 질문을 위해 좋다고 생각한다. 이러한 질문들은 삶과 인생의 의미를 보다 근본적으로 제기하는 힘이 있다. 설득력이 강하고 체계적이기도 하다. 죽음준비 프로그램을 수정하고 싶을 때, 철학적 질문을 활용해 재설계해 보는 것도 좋을 것이다.

나만 아니면 돼

평생 일했다. 이제 좀 쉬면서 삶을 돌아볼 시간이다. 그러나 세상은 다시 일자리를 찾으라고 다그친다. 왜 이렇게 되었을까?

좀 엉뚱하지만 TV 프로그램에서 그 실마리를 찾아보도록 하자. 〈1박 2일〉이라는 유명한 예능프로그램이 있다. 〈1박 2일〉에는 다양한 게임과 벌칙이 등장한다. 승패에 따라 벌칙을 받는다. 얼음장 같은 겨울 바다에 알몸으로 뛰어들기도 하고, 고추냉이, 까나리액젓 등이 범벅된 괴물 같은 음식을 먹기도 한다. 여기서 주목할 것은 벌칙을 받을 때 화면에 깔리는 자막이다.

"나만 아니면 돼!"

게임은 재미있어 보인다. 모두 규칙에 동의했다. 벌칙이 무엇인지도 충분히 알려줬다. 따라서 아무리 고통스러운 벌칙도 달게 받아야 한다. 순식간에 승패가 갈린다. 승자는 환호하고 패자는 비명을 지른다. 승자는 웃는다. 시청자도 같이 웃는다. 웃는 사람들끼리 정서적으로 같은 편이 된다. 우리는 게임에서 진 사람들이 고통스러워하는 모습을 보면서, 승자와 함께 깔깔대고 웃는다. 이제 패자의 고통은 즐겨도 '괜찮은', 나아가 '공정한' 그 무엇이 된다. 패자 역시 게임 규칙을 잘 알고 있고 기꺼이 동의했으니까.

웃자고 한 걸 죽자고 덤비는 거 아니냐며 짜증 낼 수도 있겠다. 밑지는 셈 치고 조금 더 읽어 달라. 우리는 한강의 기적을 지금도 자랑한다. 세계가 부러워하는 초고속 성장! 그러나 우리는 안다. 세상엔 공짜가 없다는 걸. 기적이란 누군가의 땀과 피라는 걸. "잘 살아야 한다!" "하면 된다." "해 보긴 했냐?" "남들 다 하는데 나만 못 할 이유가 없다." "지금 뒤쳐지면 영원히 못 따라간다." 우리는 이런 말들을 쉴 새 없이 듣고 자랐다. 뒤는 고사하고 옆도 돌아볼 틈이 없었다. 그저 앞만, 아니 돈만 보고 뛰었다.

뛴다고 하니 또 다른 예능프로그램인 〈런닝맨〉이 떠오른다. 출연자들은 모두 뛴다. 말 그대로 런닝맨이다. 잡히면 내 이름이 뜯겨 나간다. 뜯긴 이름은 이내 구겨지고 버려진다. 나만 아니면 된다고 무조건 뛰었는데, 은퇴를 앞두고 보니 드디어 내 이름이 뜯겨지는 것만 같다.

돈은 전통적인 가치들을 음주운전하듯 들이받았다. 직업에 귀천이 있어 보였다. 나이 많은 사람보다 돈 많은 사람 말에 힘이 실렸다. 사는 곳, 타는 차, 입는 옷에 시선이 끌렸다. 부자는 더 이상 혼내 주어야 할 욕심쟁이가 아니다. 서점에 가봐라. 큰돈 번 사람들은 이미 위인전의 주인공이 되었다.

사람은 소속 공동체가 인정하는 방법으로 살아가기 마련이다. 쉽게 말해, 내가 누구인지는 함께 사는 사람들의 칭찬과 꾸중이 결정한다. 우리는 나만 아니면 괜찮다며 돈을 향해 무조건 달리는 사회에서 반백년을 넘게 살아왔다. 그것도 대부분 이윤을 추구하는 기업에서 말이다. 앞으로 얼마나 더 살진 모른다. 그러나 세상이 그렇게 쉽게 바뀌지 않으리라는 것쯤은 안다.

소유욕은 숨 가쁜 달리기의 원동력이다. 영리를 추구하는 기업에서는 더했다. IMF 이후 같은 현실을 두고 표현하는 말이 서로 달랐다. 한쪽에서는 경영합리화를 위한 사업재편을 단행했다고 말했고, 다른 한쪽에서는 대량해고를 당했다고 말했다. 누군가는 손쉬운 해고가 가능해졌다며 반대했고, 다른 누군가는 선진국도 다 그렇게 한다면서 노동의 유연성을 강조했다. 사회와 기업 모두 '생존'을 외쳤다. 살아남기에 바빴다. 바쁘다는 말을 입에 달고 살았다. 그러다가 은퇴 즈음이 되어버렸다.

먹고사는 방법을 바꾸는 건 세상을 바꾸는 일만큼이나 어렵다.

이제 우리는 이 어려운 일을 하려고 한다. 하지만 불안하면 아무것도 못 한다. 불안한 마음으로 나선 밥벌이가 잘 될 리 없다.

손무(孫武)는 자신의 병법에 적을 알고 나를 알면 전쟁에 백번 나가도 두렵지 않다고 적었다. 다음 장에서 우리는 먼저 자신에 대해서 알아보고자 한다. 나는 회사원이다. 아니 회사원이었다. 회사원은 누구인가? 회사에서는 어떤 일이 벌어졌던가? 그 틈바구니에서 나는 어떤 사람이 되었을까?

자기 영혼을 돌보기 위한 철학 노트

MARAS에서 말한 4가지 불안요소에 직접 체크해 보셨습니까? 아직 안 하셨다면, 한번 해 보세요. 체크하면서 자기 마음에 집중해 보세요. 질문을 읽고 체크하면서 변하는 자기 감정이나 기분을 느껴보세요. 자기 감정과 기분의 변화를 느끼고 깨닫는 것이 영혼을 돌보는 질문의 좋은 출발점입니다.

1

직접 체크한 결과를 보니 내가 가장 불안해하는 것은 무엇이었나요?
그걸 가장 불안하게 여기는 데 원인이 있다면 그것은 무엇일까요?

2

"나만 아니면 돼!"라는 말을 어떻게 생각하세요?

3장

나는
회사원이었다

회사에서 겪은 일은
불안을 구성한다

엄마 뱃속에서 들었던 태교와 달리 우리는 회사원이 되었다. 학교에서 배웠던 것과 달리 회사는 살벌했다. 낄 때 끼고 빠질 때 빠지라고 누군가 윽박질렀다. 대학까지 나왔지만, 그 알량한 '낄낄빠빠'는 도무지 알수가 없었다. 전공을 경영학이나 법학이 아니라, 주역을 했어야 했다. 오늘의 운세가 가장 중요해 보였다. 입사 초, 우리의 눈치 실력은 정말 형편없었다. 그러나 짬밥은 그냥 먹지 않는 법. 회사라는 조직이 먹여 주는 밥을 꼬박꼬박 먹고 우리는 차츰 '조직원'이 되어갔다.

회사에서 지금까지 겪었던 일들은 이제 흰머리와 주름이 되었다. 하지만 단 1분 1초도 버릴 수 없는, 모두 소중한 내 인생이다. 그 속에서 얼마나 고민했던가? 얼마나 기대하고 마음 졸였던가? 출근과 퇴근 사이에서, 시무식과 종무식 사이에서, 성과평가와 승진 사이에서 우리는 그렇게 늙어갔다. 싫든 좋든 그 사건사고들은 오늘을 사는 나를 촘촘하게 구성하고 있다. 따라서 은퇴를 앞둔 시점에서 불안을 느끼는 것도 지난 회사생활과 무관하다고 할 수 없을 것이다.

한번 돌아보라. 수십 년을 하루, 일주일, 한달, 일년 단위로 반복하던 일상들을. 그동안 어떤 감정이 올라왔던가? 결국 어떻게 적응하고 다시 마음을 다잡았던가?

현무암은 끓는 용암이 식은 돌이다. 현무암에 뚫린 구멍들은 용암이 얼마나 뜨거웠는지를 잘 보여 준다. 회사 일로 들끓었던 감정들을 몸 전체로 받아내면서 우리 마음에도 그런 구멍들이 여기저기 숭숭 뚫려 있을지 모른다.

존엄한 인적 자원?

"**모**든 국민은 인간으로서의 존엄과 가치를 가지며, 행복을 추구할 권리를 가진다." 우리 헌법 제10조 내용이다. 이 내용이 우리 헌법에 들어오기까지 인류는 별의별 일을 다 겪어야만 했다. 영국 권리장전, 프랑스 대혁명, 미국 독립선언서, 우리나라 4.19 혁명과 5.18 민주화운동 등은 공짜가 아니었다. 야만의 시대는 늘 피를 요구했다. 그러나 결국 인간 정신은 승리했다. 칸트는 모든 인간을 수단이 아닌 목적으로 대우하라고 당부했다.

혹시나 해서 묻는 것이니 당황하지 마시라. 회사에서 인간으로서의 존엄과 가치를 느낀 적이 있는가? 칸트에게 미안할 정도로 회사는 인간을 수단으로 본다. 대표적인 예가 HRD(Human Resources Development)라는 말이다. HRD는 흔히 인적자원개발로 번역된다. 사람은 회사에서 인적자원이다. 자원은 수단이다. 목적은 따로 있다.

그게 뭘까? 상법에 힌트가 있다. 상법 제169조는 "회사의 의의"라는 제목을 달고 있다. 회사가 무슨 뜻이냐를 말해 주겠다는 거다. "이 법에서 '회사'란 상행위나 그 밖의 영리를 목적으로 하여 설립한 법인을 말한다." 영리가 목적이란다. 우리가 평생 다닌 회사의 목적은 바로 영리다. 인간이 아니다.

회사원은 헌법과 상법 사이에서 혼란에 빠진다. 칸트와 회장님 사이에서 방황한다. 이러한 혼란과 방황은 웃어넘길 일이 아니다. 회사원들을 인지부조화 상황으로 몰아넣기 때문이다.

인지부조화란 우리의 신념과 실제 상황이 충돌할 때 생기는 불편한 심리상태를 말한다. 이 상황에선 뭘 어떻게 해야 할지 몰라 우왕좌왕하기 마련이다. 허둥대고 불안한 상황을 좋아하는 사람은 없다. 어쨌든 빨리 이 상황을 벗어나려는 강한 욕구가 생긴다. 이를 '부조화 압력'이라고 한다. 경우의 수는 간단하다. 자기 신념을 현실에 맞추든지, 아니면 현실을 자기 신념에 맞추든지 둘 중 하나다.

연구결과에 따르면, 마음이야 어떻든 실제 행동하는 쪽으로 신념이 맞춰진다고 한다. 이건 먹고살기 위해 어쩔 수 없이 하는 일이다. 나는 이런 행동을 원하지 않는다. 아무리 속으로 다짐해도, 그렇게 살다 보면 그런 신념이 따라 생긴다는 것이다.

　　연구는 하지 않았지만, 우리도 이미 정답을 알고 있다. 회사생활에 맞춰 새로운 신념이 생긴다. 내 속에서 상법이 헌법을 이기고, 회장님이 칸트를 이긴다. 신념이 달라졌다면, 다른 사람이 된 것이다. 우리는 회사에서 다른 사람으로 태어났다.

꼬박꼬박 나오는
월급

어찌 됐건 우리는 그동안 회사에서 편히 살았단다. 자영업 하는 친구들이 입버릇처럼 하는 말이다. 꼬박꼬박 월급 타 먹어 세상 물정 모른단다. 초대형 태풍 소식에 내일 가게 문 여냐고 물었다가, "너는 태풍 오면 밥 안 먹나 보지?" 핀잔 들었던 기억이 난다. 지금 생각해 보면, 그런 말을 했다는 자체가 세상 물정 모른다는 증거 같기도 해 씁쓸하다.

은퇴가 얼마 남지 않자, 내가 그동안 얼마나 편히 살았고, 세상 물정 잘 모르는지. 이런 나를 그동안 먹여 살려준 회사가 고맙기도 하다. 인정한다. 그런데 왜 이렇게 불안한 걸까?

안정적 생활패턴은 우리에게 엄청난 영향을 미쳤다. 우리는 자연스럽게 안정적 생활에 기초해 이웃과 세상을 읽게 된다. 세상을 보는 관점을 굳이 바꿀 필요가 없었다. 지금껏 잘 살아 온 방식을 왜 문제 삼겠는가? 오히려 어떻게 하면 이런 생활을 더 오래 할 수 있는지에 대해 골몰해 오지 않았는가? 우리는 이런저런 속 편한 해석에 수십 년간 물들어 있었던 것이다.

우리는 자신이 영원한 임금노동자로 남아 있길 원했을지도 모른다. 임금노동자는 자신의 노동과 임금이 같은 값어치를 갖는다고 근로계약서에 서명한 사람들이다. 인간의 노동을 인격의 실현이나 가치로 본다면, 임금은 노동한 사람의 존재가치인 셈이다. 따라서 임금노동자의 존재가치는 돈 버는데 얼마나 쓸모 있느냐로 판가름 난다.

문제는 노동의 가치 즉, 일한 만큼이라는 것이 그렇게 딱 부러지게 계산되는 것이 아니라는 데 있다. 기준을 어떻게 정하느냐에 따라 그리고 성과를 평가하는 사람이 누구인지에 따라 얼마든지 달라질 수 있다. 그럼에도 불구하고 우리는 아무 의심 없이 '나는 얼마짜리 사람'이라고 자신을 규정하고 있다. 그동안 회사에서 받아 온 돈이 바로 내가 되어버린 것이다. 이를 물화(物化)되었다고 한다. 물화는 나를 어떤 물건으로 설명하고 거기에서부터 생각을 시작하는 습관이다.

은퇴는 안정적 수입이 사라지는 것이기도 하다. 줄어든 수입만큼 자신을 쓸모없는 사람으로 규정하기 쉽다. 이렇게 떨어진 자존감이 안정감을 줄 리 없다. 쓸모없다는 자기 평가는 불안의 원인 중 하나다.

지겹다,
지금 잘 살고 있는 걸까

우리는 오랫동안 업무지시를 받고 부품처럼 움직였다. 부품이기에 일의 전체 모양새를 볼 기회조차 없었다. 전체를 볼 수 없는 부분은 자율적일 수 없다. 부분이 자율적으로 움직이다 전체를 무너트리면 어쩌겠는가. 조직이 마치 살아 있는 생명체처럼 유기적으로 움직이면 된다고? 아무도 이런 유치한 비유에 더 이상 속지 않는다. 가족이 아니면서 가족이라고 하고, 생명체가 아닌데 생명체라고 우기는 것은 사태를 더 나쁘게 만든다.

말이 나왔으니, 유기체적 조직이 어떤 것인지 잠깐 살펴보자. 아주 간단하다. 우리 몸은 대표적인 유기체다. 야구공에 맞아 눈에 피멍이 들었다고 치자. 사고가 난 시점부터 몸 전체가 눈의 회복을 위해 전력투구한다. 회복에 필요한 모든 자원이 투여된다. 눈에 든 멍은 눈만의 문제가 아니다. 나라는 전체가 아픈 것이다. 손이나 발이 그건 내 일 아니라며 무관심할 수가 없다. 이게 유기체다.

현대 기업이 약한 조직이나 사람에게 모든 정보와 재원을 투자할까? 차라리 안될 사업은 빨리 버리는 게 낫다고 판단한다. 선택과 집중! 유기체와는 다르게 의사 결정할 수밖에 없다.

지금 나는 현대 경영학을 너무 무시하고 있는지도 모른다. 혹시 아는가? 위대한 경'영이론이 등장해서 가족 같은 기업, 생명체 같은 조직문화를 이뤄낼지. 이런 위대한 일은 스마트한 후배들에게 맡겨두고, 우린 현실에 집중하기로 하자.

회사 밖으로 눈을 돌려보자. 경제는 생산과 소비라는 톱니바퀴가 맞물려 쉬지 않고 돌아가야 '좋다'라는 평가를 받는다. 엄청나게 많은 상품을 생산했는데 아무도 사주지 않는다면 재고가 쌓이고, 재고가 쌓이면 생산 활동은 중단된다. 생산 활동의 중단은 노동자에게 줄 임금도 중단된다는 뜻이다. 따라서 자본주의는 무언가 계속 사도록 인간을 유혹한다. 한두 사람이 사서 될 일이 아니다. 백만, 천만 대중이 갖고 싶어 안달이 나도록 만들어야 한다. 이른바, 소비사회가 되어야만 하는 것이다.

소비사회의 대중은 개성이 있는 듯 없어야 한다. 상품이 너무 특별해서 튀기만 하면 대량소비가 불가능하다. 그렇다고 너무 평범하면 구매욕구가 떨어진다. 개성 있고 특별하면서 동시에 보편적이어야 하는 것이다. 오직 나만을 위해 만들었지만, 세계적으로 수십만 대가 팔려야 사업이 유지된다.

모순처럼 들리는 이러한 현상을 우리는 늘 경험한다. 이것이 가능한 이유는 우리가 자신도 모르는 사이에 이미 소비자로 다림질되어 있기 때문이다. 자본주의는 사람 됨됨이에는 관심이 없다. 인격보다 지불능력이 중요하다.

은퇴를 준비하고 있는 우리도 만들어진 소비자로 아무 생각 없이 살아왔다. 소비자의 존재가치는 지불능력과 밀접히 연계되어 있다. 그런데 퇴직은 지불능력의 감소를 뜻한다. 뭔가를 사야만 한다고 계속 외치는 사회에서 퇴직은 더 불안할 수밖에 없다.

대중문화에 익숙한 생활도 불안을 조장하는 건 마찬가지다. 대중문화는 소위 고전(古典)에서 다루는 무겁고 복잡한 내용을 거의 다루지 않는다. 가볍고 단순한 내용을 어떻게 효과적으로 전달하느냐에 따라 성패가 갈리기 때문이다. 그러나 실제 벌어지는 현실 문제는 대부분 단순하지 않다. 감안해야 할 것이 한두 가지가 아니다. 뭐 하나 결정하려면 마음에 걸리는 사람이 한두 명이 아니다.

은퇴라는 거대 사건은 말할 나위 없다. 은퇴는 전혀 다른 세계로, 그것도 혼자 들어가야만 하는 위험천만한 사건이다. 따라서 자기와 세계 그리고 삶에 대한 기존 해석을 전면적으로 바꾸기 위한 충분하고도 심도 있는 준비가 필요하다. 다시 말해, 무겁고 근본적인 문제를 꾹꾹 눌러 천천히 생각할 수 있어야 한다. 단박에 이해되고, 말초적으로 울고 웃는 대중문화와 은퇴 문제는 완전히 다르다. 너무 달라서 아예 생각을 포기하고 싶을 정도다. 어떻게든 되겠지 나중으로 미루기 십상이다. 이러한 행동은 이미 불안이 작동하고 있다는 증거다.

도시는 권태를 조장한다. 도시는 직선적 공간이다. 반복적이고 식상하다. 출근길을 떠올리면 이해하기 쉽다. 똑같은 위치에서 똑같은 지하철을 타고, 똑같은 역에서 내린다. 똑같은 건물에 도착해, 똑같은 현관문을 통과하고, 똑같은 엘리베이터를 탄 후, 똑같은 층에 내려, 똑같은 책상에 앉아 똑같은 사람들과 똑같은 인사를 한다.

우리 집 현관에서 내 책상까지 최단 거리로 설계되어 있다. 최단 거리는 직선을 강요한다. 실제 길은 꼬불꼬불하지만 심리적으로 우리는 직선 위에서 산다. 우발적이고 신선한 돌발 상황이 거의 불가능하다. 참신함? 재미? 그런 건 없다. 그냥 졸기에 딱 좋다.

반대로 은퇴는 전혀 예상할 수 없는 혼돈 그 자체다. 정해진 것은 아무것도 없다. 좀좀하게 짜인 시공간에서 나와 탁 트인, 그러나 아무도 없는 허허벌판 앞에 선 기분. 자유와 해방을 느끼기보단 공황장애를 겪을 가능성이 높다. 익숙한 곳으로 다시 돌아갈 수 있다는 희망 따원 없다. 혼자서 낯선 곳을 걸어가야만 한다. 이렇게 은퇴는 새로운 장소와 시간을 받아들이도록 강요한다. 먹고살아야 하니 발을 내딛긴 하겠지만, 불안한 마음은 어쩔 수 없다.

우리는 계산에 익숙하다. 학창시절 수학은 잘 못했지만, 이 나이쯤 되면 온몸이 계산기처럼 작동한다. 그렇지 않으면 도시에서 살기 어렵다. 왜냐하면 도시는 상업 공간이기 때문이다. 상업은 나에게 얼마가 떨어지는지 끊임없이 계산하는 활동이다.

쉼 없는 계산은 쉼 없는 마음을 만든다. 바쁜 마음은 정해진 시간과 길 위에서 온종일 뛰게 만든다. 진정한 나를 찾거나 양심의 부름 따위에 귀 기울일 여유가 없다.

그렇지만 은퇴는 계산이 잘 안 선다. 계산이란 아는 것끼리 더하거나 빼는 것인데, 은퇴에 대해 내가 확실히 아는 것이 없기 때문이다. 불확실하고 모호한 미래는 계산을 포기하게 한다. 뭔가 해야만 하는 의무 상황에서 아는 것이 없어 의무 위반으로 몰릴 상황. 이러한 상황은 불안이나 초조 등 부정적 정서를 줄 가능성이 클 수밖에 없다.

자기 영혼을 돌보기 위한 철학 노트

우리는 자신도 모르는 사이 회사와 닮아 있습니다. 회사에서 사람과 일을 만났던 방식이 우리 마음에 자리 잡아 이제 습관이 되었습니다. 이런 의미에서 습관은 밖으로 드러난 마음이라고 할 수 있습니다.

이제 회사의 습관을 벗고, 나만의 올곧은 습관이 생기도록 새로운 마음을 가져야 합니다. 새 마음과 비교할 헌 마음에는 어떤 것이 있을까요.

1

회사에서 내가 겪었던 인지부조화 상황에는 어떤 것들이 있었나요?
이 중에서 결코 다시 일어나지 않았으면 하는 가치 충돌 상황이 있나요?

2

회사생활을 하면서 평소 자신이 옳다고 생각했던 신념과 달라진 것이 있나요?
어떤 것들이 있는지 말씀해 주시겠습니까?

3

퇴직 후 바꿨으면 하는 나쁜 습관이 있습니까?
그 습관이 회사생활과 관계있나요? 왜 바꾸길 바라나요?

4장

삼식이가 될까 봐
불안해

삼식이를
아시나요

고백한다. '삼식이'란 말을 몰랐다. 식사하다 우연히 선배들이 하는 이야기가 들려왔다. "야, 삼식이 안 되려면 친구들한테 잘해야 돼. 제수 씨가 언제까지 끼니를 챙겨줄 것 같냐? 친구가 있어야 가끔 외식도 하고 밥도 얻어먹지. 안 그래?"

삼식이를 검색한 결과는 이렇다. '은퇴하고 집에서 세끼를 다 먹는 남편' 충격이었다. 젊은 날에 죽어라 직장에서 일하고 이제 은퇴해서 쉬는 남편이 세끼를 집에서 먹으면 욕을 먹는다니. 말이 삼식이지 속뜻은 밥벌레, 식충이와 다름없어 보였다.

하지만 세상이 달라졌다. 호모 헌드레드(Homo Hundred)의 시대다. 이 말은 평균수명 100세 시대를 사는 인간을 의미한다. 지난 2009년 UN이 작성한 〈세계인구고령화〉 보고서에 따르면, 평균수명이 80세를 넘는 국가가 2000년에는 6개국에 불과했지만, 2020년에는 31개국으로 늘어나게 된다. 100세 이상 인구도 전 세계 34만 3,000명에서 2050년에는 320만 명으로 약 10배 증가할 전망이다. 우리나라의 경우, 2012년 2,386명이던 100세 이상 인구가 2030년에는 1만 명, 2040년에는 2만 명에 이를 것으로 예상된다.

호모 헌드레드 시대. 집에서 밥을 꼬박꼬박 먹는다고 생각하니 나도 좀 당황스러웠다. 운이 좋아서 60세에 은퇴한다고 해도, 남은 40년 동안 하루 세끼를 꼬박꼬박 집에서 먹는다면 무려 4만 3,800번이나 밥상을 차려야 한다.

하긴 밥을 해줘야 하는 주부님들 입장도 이해할 만하다. 마음 한편으론 평생 직장생활 하다가 집에만 있는 남편이 불쌍하기도 하다. 그래서 응원도 해 주고, 반찬도 좋아하는 걸로 해 주고 싶다. 그러다가도 갑자기 짜증이 올라오기도 한다. 나는 그 시간에 놀았냐? 나 역시 남편이 직장 다닐 동안 육아와 가사노동에 시달릴 만큼 시달렸다. 이제 애들 크고 좀 쉴만하니까 남편이 집에 틀어박혀 이거 달라, 저거 먹고 싶다고 하면 없던 짜증도 날 수 있지 않을까.

어떤 연구결과에 따르면, 은퇴한 남편을 둔 아내는 계속 직장에

다니는 남편을 둔 아내보다 우울증에 걸릴 확률이 70퍼센트나 높단다. 남편의 은퇴로 수입은 줄어들고 집안일은 많아지기 때문이다. 이런 현상을 일본에서는 '남편 재택 스트레스 증후군'이라고 부른다.

문제는
바닥난 자존감이다

따지고 보면 이 삼식이란 말에는 여러 가지 의미가 담겨 있다. 우선, 은퇴한 사람의 자존감이 매우 낮다는 걸 보여 준다. 아내가 삼시 세끼를 차려 줘야 한다는 건 밖에 나갈 일이 없을 뿐만 아니라, 집에서도 제대로 적응하지 못하고 있다는 증거다. 은퇴 후 환경은 변했는데 몸과 마음의 적응은 고사하고, 아직 기초적인 생활능력도 익히지 못한 것이다.

요즘 전기 제품들은 세련된 디자인을 자랑하지만, 어디를 눌러야 할지 잘 모르게 생겨먹었다. 일단 용기를 내서 터치를 해 보긴 하지만, 따뜻한 밥까지 가기엔 멀고 험난하다. 어쩌면 삼식이는 혼자 밥을 해 보려고 몰래 전기밥솥을 건드렸다가 이상하게 작동하자, 혼날까 봐 시치미를 떼고 있었을지도 모른다.

한편 삼식이란 말에는 아내에 대한 미안함과 고마움도 함께 배어 있다. 은퇴자도 잘 안다. 아내도 여기저기 쑤시고 아프다. 아이들을 번쩍번쩍 들어 올려 달래고, 방을 쓸고 닦고 빨래까지 척척 해낸 아내다. 그뿐인가. 명절이면 허리 한 번 제대로 펴지 못하고 쭈그리고 앉아 그 많은 음식과 설거지를 해냈다. 무릎과 허리가 온전하면 그게 더 이상할 정도로 집안을 챙긴 유일한 사람이 아내다.

반면, 나는 제대로 된 선물 한 번 못해줬다. 호강은 고사하고 고생만 시킨 것 같다. 그런데 남들보다 일찍 퇴사해 이렇게 식탁 앞에 앉아 있게 될 줄이야. 밥까지 차려 줘야 먹을 수 있을 정도로 무능력하게 될 줄이야. 무너진 자존감에 비참하면서도, 밥을 차리는 아내를 몰래 훔쳐보면서 속으로 얼마나 답답하고 미안하겠는가.

심각한 것은 삼식이란 말이 드러내고 있는 매우 낮은 자존감이다. 자존감에는 크게 세 가지 기본 축이 있다. 자기 효능감, 자기 조절감, 자기 안전감이 그것이다.

자기 효능감은 내가 얼마나 쓸모 있는 사람인지에 대한 만족감이다. 삼식이는 이게 꽝이다. 밥조차 하지 못하는 사람이 자신을 쓸모 있게 여길 리 없다. 자기 조절감은 자기가 하고 싶은 일을 알아서 결정하고 통제하고 싶은 마음이다. 삼식이는 이것도 꽝이다. 밥을 하고 싶어도 밥통이 도와주질 않는다. 내가 밥통이 된 것 같다. 마지막으로 자기 안전감은 자신이 안전하다고 느끼는 만족감이다. 이게 없으면 자기 효능감과 자기 조절감이 높을 수 없다. 끼니를 어떻게 해결해야 할지 매일 눈칫밥을 먹는 삼식이가 자신이 안전하다고 느낄 리 없다. 결론적으로 삼식이는 자존감이 완전 바닥인 셈이다.

자존감은 인간관계에서 기본 체력과도 같다. 모든 인간관계는 나를 중심으로 디자인된다. 사람은 내가 얼마나 사랑받고 있는지, 내가 얼마나 중요한 사람인지, 내가 이들에게 어떤 의미인지를 기가 막히게 알아챈다. 따라서 내가 아무짝에도 쓸모없고, 내 마음대로 할 수 있는 게 없고, 안전하게 쉴 수도 없다고 느낀다면 인간관계가 원만할 수 없다. 체력이 약한 사람은 높은 산을 아예 쳐다보지도 않는다. 마찬가지로 자존감이 낮은 사람은 해 보지도 않고 미리 포기한다. 모든 일에 무기력하면서도 예민하게 반응한다. 옆에 있는 사람이 도와주면 자존심이 상한다. 열등감 때문이다. 결국 이 핑계 저 핑계 대면서 사람을 피하게 된다.

요리는
위대하다

심식이란 말을 약간 비틀어 보면 끼니를 해결하는 힘, 즉 요리능력을 깔보는 마음이 있다는 걸 알 수 있다. 밥도 못 하냐는 자조가 섞여 있는 것이다. 그런데 요리가 인간에게 주는 의미는 생각보다 의미심장하다.

문화인류학자인 클로드 레비스트로스는 1960년대 출간한 《날것과 익힌 것》에서 이렇게 말한다. "불에 익혀 먹는 행위는 동물과 인간의 차이를 분명하게 만든다. 요리는 자연으로부터 문화로의 이행을 나타낼 뿐만 아니라, 인간 상태의 모든 속성은 요리를 통해서, 그리고 요리를 수단으로 규정할 수 있다." 스코틀랜드 작가 제임스 보스웰은 이렇게 말했다. "나에게 인간을 정의하라면 '불로 요리하는 동물'이라고 하겠다. 동물도 기억력과 판단력이 있으며 인간이 지닌 능력과 정열을 모두 어느 수준까지는 가지고 있다. (…) 그러나 음식을 맛있게 차려 먹는 것은 오직 인간만이 가진 능력이다." 역사학자 펠리페 페르난데스 아르메스토도 요리의 역사에 관한 책에서 "불로 요리하는 것은 현생 인류의 인간됨의 지표다"라는 비슷한 주장을 했다.

요리는 인간을 인간답게 만든다. 호모 사피엔스는 요리를 통해 인간성을 얻었다. 이쯤 되면 요리는 하찮기는커녕 위대한 인간성의 표현이다! 요리는 생존을 위한 단순한 능력이 아니다. 요리한 음식을 먹는다는 것은 휴대폰을 충전하거나, 자동차에 휘발유를 넣는 것과는 다른 행동이다. 거기에는 인간성이 포함되어 있다. 인간이라면 요리한 음식을 통해 관계 맺을 줄 알아야 한다고 생각한다.

우리는 가족을 식구(食口)라고 부른다. 식구는 글자 그대로 같은 음식을 먹는 사람들이다. 가족은 한솥밥 먹는 사람들이다. 요리는 내 배를 채우는 것에 머무르지 않는다. 요리는 나를 형성하는 기초적인 관계 활동이다. 고대 사회는 "음식의 본질은 나누는 것이다. 이러한 음식의 본질을 무시하고 자신의 배만 채우면, 그 사람은 음식을 죽이는 것이고, 음식 또한 그 사람을 죽인다"라는 생각을 가지고 살았다. 어쩌면 그들은 오늘날 우리들보다 훨씬 풍성한 식탁에서의 인간관계를 누리면서 살았을는지 모른다.

밥은
사람을 잇는다

남자가 부엌에 들어가면 불호령이 떨어지던 암흑기가 있었다. 이러한 금기는 위대한 요리를 독점하려는 여성들의 전략이 아니었나 싶을 정도로 요리가 갖는 의미는 크다. 그래서인지 요즘 퇴직을 준비하는 사람 중에는 요리학원을 찾는 사람들이 부쩍 늘었다고 한다. 조리자격증까지 준비하고 있다니 매우 똘똘한 결정이다. 나아가 나는 요리가 철학적이라고 생각한다.

요리가 철학적인 이유는 이렇다. 식탁 위에 놓인 음식들을 생각해 보자. 음식 재료들은 모두 죽은 것들이다. 그러나 이것이 요리되어 사람 입에 들어가면 생명을 불어넣는다. 죽음이 삶을 돕는 것이다. 죽음과 삶은 요리를 통해 연결된다. 생(生)과 사(死)는 같은 것이라는 생사일여(生死一如)의 노장철학을 요리를 통해 확인할 수 있다. 심지어 불에 익히면 날것보다 열량도 높아진다고 하니 요리는 신비하기까지 하다.

아직은 잘 안되지만, 나는 가끔 음식과 이야기를 나눈다. 음식이 되어 준 재료들, 물고기, 야채, 가축들과 대화를 시도한다. 물고기라면, 그가 알이었을 때의 기억을 질문한다. 태어난 고향이 바다인지, 양식장인지, 알을 깨고 나올 때의 경이로움은 어땠는지, 가족 또는 친구들과 사이는 좋았는지, 인간에게 잡힐 때 많이 놀라진 않았는지, 같이 잡혀 온 형제들 사이에서는 어떤 소문이 돌았는지, 죽음을 맞이하는 순간 많이 아프지는 않았는지 묻는다. 그들에게 말을 걸면서, 죽음과 삶이 따로 있다고 생각하지 않는다. 어쩌면 내 삶도 누군가의 음식이 되어가고 있는 과정일지도 모르기 때문이다.

잃어버린 자존감을 요리에서 찾는 건 어떨까. 요리를 하면서 생과 사가 연결되어 있다는 것, 밥을 함께 먹는 사람들의 소중함을 느껴보는 건 어떨까. 나를 음식으로 비유하자면 어떤 음식이 될까? 우리 가족에게 나는 어떤 맛이 나는 사람일까? 이러한 질문들이 바닥 친 삼식이의 자존감을 회복하는 데 큰 도움이 되리라 생각한다. 파티를 열자! 밥하러 가자!

자기 영혼을 돌보기 위한 철학 노트

신병훈련소 퇴소하는 날, 하루 외박이 주어집니다. 어머니께서는 압력솥을 가지고 오셨습니다. 따뜻한 밥 한 끼 손수 해 주시고 싶다며 그 무거운 걸 서울에서 강원도 양구까지 가지고 오신 것입니다. 우리 엄마 참 극성이다 못마땅했는데, 그날 여관에는 똑같이 생긴 압력솥 일곱 개가 지글지글 끓고 있었습니다. 아직도 갓 한 밥만 보면 그날 먹었던 밥과 부모님 얼굴이 떠오릅니다.

1

나를 사랑해 주었던 사람을 떠올리게 만드는 음식이 있나요?
사랑하는 사람을 위해 준비할 수 있는 음식이 있나요?

2

요리에 비유하자면, 나는 어떤 음식이 될까요?
누구를 위한 음식이 되고 싶은가요? 전혀 그럴 생각이 없다면 왜 그런가요?

3

직접 만든 막걸리가 익었으니 놀러 오라는 친구가 있습니다.
덕분에 친구들이 모여 사는 이야기를 나눕니다. 이런 모임을 가져보는 건 어떨까요? 음식과 사람을 잇는 모임은 불안한 마음을 달래는 데 최고입니다.
모임계획서를 한번 만들어 보세요.

5장

원망해도
괜찮아

원 망 해 도
괜 찮 아

정말 해도 해도
너무한다 싶더라고

어떤 선배의 말이다.

"자다가 벌떡 일어났어. 너무 억울한 거야. 정말 해도 해도 너무한다 싶더라고. 평일 야근은 도맡아 했어. 휴일에는 골프치고 저녁 술자리까지 죽어라 충성했어. 다 조직을 위해서라고 말이야. 그런데 나보고 나가래. 그게 조직을 위한 거래. 후배들을 위해 용퇴해 달래. 이게 말이 돼?"

우리네 직장생활은 갑질 극복의 역사다. '직장갑질 119'라는 시민단체가 생길 정도다. 이들이 밝힌 갑질을 들어보면 정말 해도 해도 너무한다 싶은 경우가 한두 가지가 아니다. 괜히 뒤통수를 세게 때리고 심한 욕설을 한다. 여성 직원에게 안마를 하라고 했다가, 안 하겠다고 하면 못생긴 게 자존심만 세다며 폭언한다. 이번 주말에 자기 집 이사하는데 오라고 한다 등등.

요즘에는 근로기준법이 개정돼 직장 내 괴롭힘 방지를 위한 사회적 분위기가 형성되고 있다. 그러나 예전엔 말도 못 했다. 사무실에서 담배 피우던 시절, 고등학교를 갓 졸업한 직원이 아침마다 해야 하는 일 중 하나가 담배꽁초가 수북한 재떨이를 청소하는 거였다. 담배만 있으면 다행이었다. 입에서 나올 수 있는 온갖 분비물이 다 있었다. 호랑이 담배 피우던 시절로 시작하는 옛날이야기 같지만, 불과 몇 년 전 사무실이 이랬다.

우린 갖은 수모와 멸시를 이겨내면서 회사에 매달렸다. 그걸 충성이라고 불렀다. 물론 그때도 퇴사하는 사람들이 있었다. 퇴사하는 사람 뒤통수에 대고 이런저런 꼬리표를 붙이곤 했는데, 가장 흔한 것이 "쟤는 로열티가 부족해"였다. 그래서 로열티 작렬하는 모습 보여 주고자 밤낮없이 뛰어다닌 회사원들이 한둘이 아니다. 그런데 이제 그만하란다. 나가란다. 그게 조직을 위한 로열티란다.

은퇴 트라우마

일반적으로 트라우마 하면 충격적인 사건 사고 때문에 생긴 정신적 외상으로 알려져 있다. 그러나 트라우마는 화재나 교통사고 등 특별한 경험에 의해서만 생기는 게 아니다. 자질구레한 일상생활에서 느낀 사소한 경험들이 쌓여서 생길 수도 있고, 직장에서 터무니없는 갑질을 계속 받는 경우에도 트라우마가 발생할 수 있다.

　은퇴를 앞둔 시점에서는 이런 트라우마들이 화병으로 드러나기도 한다. 은퇴를 준비하면서 딱 꼬집어 말할 수 없는 애매하고 이상한 증상들이 계속된다면, 마음속 깊이 쌓인 불편한 회사생활이 원인일 수도 있는 것이다. 참다 보면 좋은 날이 올 거라며 철석같이 믿고 참고 살아 왔는데 대기발령이라니 화병이 날 수밖에 없지 않은가. 그런데 그 회사생활을 어디 하루 이틀 했나 말이다. 문제는 너무 오랜 세월 그렇게 살아 온 탓에 당최 원인을 짚어내기 어렵다는 점이다. 그러나 원인은 분명 있을 것이다. 세상만사 모든 일에는 원인이 있다고 했다.

'동물의 왕국'에서 본 장면이다. 사자에게 잡힌 사슴이 더 이상 도망갈 궁리는 안 하고 모든 걸 포기한 채 눈만 껌뻑거린다. 사자의 이빨이 숨구멍을 뚫는 순간에도 사슴의 눈은 여전히 껌뻑인다. 별로 아프지 않은 모양이다. 사실 이때, 사슴의 몸에는 일종의 마취 호르몬이 분비된다고 한다. 뇌를 멈추게 해 신경으로 전달되는 고통을 차단하는 것이다. 고통을 최소화하기 위한 자연의 마지막 배려라고나 할까.

이런 장면도 기억난다. 사슴이 구사일생으로 사자로부터 탈출했는데, 얼마 가지 못해 푹 쓰러지는 장면. 죽음의 상황에서 받은 스트레스와 고통을 줄이기 위해 분비된 마취 호르몬이 뒤섞여 갈팡질팡하는 것이다. 만약 이 사슴이 도망치는 데 성공했더라도, 살면서 가끔 얼어붙은 것처럼 꼼짝 못 하는 상황이 벌어질 수 있다. 학자들은 이 역시 엉킨 호르몬들 때문이라고 설명한다. 몸에서 해결되지 못한 모순되는 두 호르몬의 충돌이 사슴을 멈춰 세운 것이다.

위 상황을 은퇴 트라우마를 설명하는 데 적용할 수 있다. 회사원들은 오랜 기간 인지부조화 상황에서 스트레스를 받는다. 인지부조화는 자신의 신념과 모순되는 현실에서 겪는 심적 혼란 상태를 의미한다. 이렇게 살아도 되나 갈등하다가 결국 회사가 시키는 대로 하긴 했지만, 그 갈등 에너지는 계속 몸에 남는다.

"이러면 안 되는데"라는 윤리불안과 "시키는 대로 하지 않으면, 나는 결국 해고될 거야"라는 생존불안 사이에서 오랜 시간 고민해 온 우리들이다. 여기에 '해고는 살인이다'라는 사회적 분위기까지 가세한다. 이내 살벌함은 내 몸 깊숙이 칼처럼 들어 온다.

회사에서의 갈등은 아무리 사소한 경우라도 생존과 직결된다. 같은 일이 반복되다 보니 변명거리도 생기고 몸에 요령도 붙을 수 있다. 그러나 모순되는 두 에너지의 충돌 여진은 여전히 우리 몸을 흔들고 있다. 가끔 우리가 사무실에서 멍한 상태로 있는 건, 매 순간이 생존 위협인 회사에서 버티기 위한 자연의 배려 때문이 아닐까.

원망이라도 해라,
화를 내면 더 좋다

그럼 어떻게 하는 것이 좋을까? 몸에 남아 있는 갈등 에너지를 밖으로 내보내야 한다. 죽음의 고통을 줄이기 위해 잠시 정지했던 뇌를 다시 깨워야 한다. 뇌가 살아서 몸에 고여 있던 에너지를 쓰도록 해야 하는 것이다.

에드문트 후설에 따르면, 인간 의식에는 지향성이 있다. 지향성이란 우리의 의식이 반드시 어떤 대상을 향한다는 뜻이다. 눈앞에 사과가 보이는 것은 의식만 있거나 사과만 있다면 불가능하다. 사과가 있고, 사과를 향해 나간 의식이 결합할 때 비로소 '여기 사과 있음'이라는 현상이 생긴다. 의식이 없다면 사과도 없다. 마찬가지로 사과가 없다면 의식도 없다.

'코끼리를 생각하지 말라'라는 의식의 지향성을 활용한 홍보 전략이 있다. 의식은 지향성을 갖고 있기 때문에 직접적인 대상이 없는 '생각하지 마라'는 곧바로 떠올릴 수가 없다. 뭔가를 생각하지 않으려면, 일단 생각하지 말아야 할 그 대상을 먼저 떠올려야만 한다. 따라서 코끼리를 생각하지 않으려면 일단 코끼리를 먼저 떠올린 다음, 떠올린 코끼리를 사라지게 해야 한다. 코끼리를 생각하지 말라고 하지만, 내심 노리는 것은 코끼리를 자꾸 생각나도록 만드는 것이다.

의식의 지향성을 은퇴 트라우마나 화병 해결에 적용하는 건 어떨까? 이를 위해 가장 먼저 해야 할 일은 의식이 향할 수 있는 구체적인 대상을 만드는 것이다. 생각하기 싫다며 두루뭉술하게 둬서는 안 된다. 은퇴 트라우마를 구체적으로 표현해서 내 앞에 놓아야만 한다. 어떤 표현이라도 좋다. 일단 표현만 되면, 의식이 지향할 것이 분명해진다. 이때부터 뇌는 자동으로 움직인다. 떠오른 대상에 대해 판단을 하고, 그 결과에 따라 긍정 또는 부정의 감정들이 꼬리를 물듯 따라 나온다.

그렇다면 뇌를 작동시키는 데 가장 효과적인 표현 수단은 무엇일까? 바로 '말과 글'이다. 뇌는 언어를 가장 좋아한다. 뇌의 작용원리가 다름 아닌 언어이기 때문이다. 우리는 모든 판단을 언어로 한다. 언어로 표현되기 이전의 감정이나 느낌은 규정되지 않은 어떤 무엇에 불과하다. 지향할 것이 없는 셈이다. 이래선 뇌가 제대로 움직이지 않는다.

무조건 써야 한다

나는 무조건 써야 한다고 생각한다. 의식의 흐름에 의존해서 현재 자신의 기분을 언어로 표현해야 한다. 원망스럽다면 원망이라고 써라. 원망이라는 단어를 보자마자, 누군가의 얼굴이 떠올랐다면 그 이름을 써라. 그 이름을 가진 사람이 내게 했던 말이 생각날 수 있다. 그 말을 써라. 그 이름은 손이 되어 나를 때릴 수도 있다. 그 행동을 써라. 그 말과 행동 때문에 일어난 감정을 써라. 욕을 해도 좋다. 죽이고 싶다고 쓸 수도 있다. 가식 없이 다 쏟아내라.

이내 폭발적인 감정이 잇따른다. 감정은 심장을 뛰게 하고 혈압을 올린다. 얼굴을 붉게 만든다. 눈물이 날지도 모른다. 눈물을 참다가 이내 울음이 터질 수도 있다. 울음은 오열로 커지고, 목청도 같이 높아진다. 몸을 뒹굴면서 발작을 일으킬 수도 있다. 손으로 방바닥을 내려칠 수도 있다. 여러 번 말이다. 우리는 지금, 갈등에너지가 밖으로 나오고 있는 장면을 경험하고 있다. 드디어 마음에 괴어 있던 고름이 짜지고, 신선한 피가 상처에 투입된다.

트라우마를 말로 표현할 수도 있다. 그런데 말로 하지 않고 쓰라고 하는 데는 그만한 이유가 있다. 글은 시간을 이길 수 있기 때문이다. 시간을 두고 다시 내가 쓴 원망, 분노의 대상을 글로 볼 수 있다. 그때마다, 뇌는 다시 재가동된다. 의식은 그 단어를 통해 우리를 회사로 데리고 간다. 그 사람 앞에 나를 다시 세운다. 그 사람에게 하고 싶은 말을 하게 만든다. 하고 싶었던 행동을 하도록 돕는다. 우리는 지금, 남아 있던 갈등에너지의 찌꺼기까지 배출되는 장면을 경험하고 있다.

의식의 흐름대로 써라. A4 용지도 좋고, 휴대폰도 좋고, 노트북도 좋다. 막 써라. 누굴 보여줄 필요도 없다. 그러니 안심해도 좋다. 정 불안하면 쓰고 찢어버리면 그만이다. 쓰고 찢는 행위에도 에너지는 필요하니까 우리 목적은 어느 정도 달성한 셈이다. 그러고 나서 나중에 또 쓰면 된다.

글 쓰기 전엔
없던 세상

언어는 욕망을 담는 그릇이라고 자크 라캉은 말했다. 인간은 욕망을 언어로 드러내고 채운다. 만약 무의식이라는 것이 있다면, 거기서 스멀스멀 올라오는 욕망조차 언어적 체계를 갖췄다는 것이 그의 주장이다. 의식뿐만 아니라 무의식까지 언어로 구성되어 있다면, 인간은 언어를 벗어나 살아갈 수 없는 존재라는 걸 의미한다.

흔히 인간을 '이성적 동물'이라고 하는데, 이 말은 그리스어 '조온 로곤 에콘'에서 유래한 것이다. '조온 로곤 에콘'을 그대로 번역하면 '언어능력이 있는 생명체'라는 뜻이다. 사람들은 우리가 언어로 만들어진 생명체라는 사실을 오래전부터 알고 있었던 것 같다.

의식의 흐름대로 막 쓴 것을 다시 정리하면 감정까지 순화된다. 차분한 상태에서 현실을 바라보게 된다. 사람은 어떤 면에서는 절대 변하지 않지만, 어떤 면에서는 계속 변한다. 특히 감정은 시시각각 변하는 날씨 같다. 갑자기 소나기가 내려 허둥지둥 우산을 샀는데, 금방 구름이 걷히고 햇볕까지 좋아지면, 방금 산 우산이 머쓱하게 느껴진다.

흥분된 글을 정리하다 보면 나도 모르게 머쓱한 미소가 지어진다. 감정의 날씨가 변한 거다. 감정에 따라 사람은 완전히 달라진다. 참 바보 같다며 스스로를 살짝 꼬집기도 한다. 도저히 용서할 수 없었던 그들의 입장이 이해되기 시작한다. 감정에 따라 생각도 마음도 달라진다. 이런 경험이 쌓이면 마음의 키가 훌쩍 큰다. 인간은 글을 통해 자란다.

글을 읽고 쓰는 효과를 아주 잘 보여 준 사례가 있다. 일흔이 넘어 한글을 처음 배웠다는 한 할머니께서 하신 대답이다.

"할머니, 한글을 배우니까 뭐가 좋으세요?"
"안 보이던 꽃이 보이더라고!"

내 생각에서 나온 글이니, 내 글을 통해 볼 수 있는 건 오직 내 생각밖에 없다고 여겼다면 틀렸다. 글은 또 하나의 눈이다. 자신의 글을 통해 우리는 전혀 다른 세계를 보게 된다. 은퇴도, 직장생활도, 돈도, 가족도, 가장으로서의 책임도, 불안도 다르게 보인다.

자기 영혼을 돌보기 위한 철학 노트

글은 삶의 흔적이기도 합니다. 놀라운 것은 글이라는 흔적은 고정되어 있지 않다는 것입니다. 다시 읽을 때마다, 새롭게 읽힙니다. 글이 읽는 사람과 함께 새로운 의미와 차이를 만들어내는 것이죠.

삶에 새로운 의미와 차이를 만들고 싶다면, 자기 삶을 솔직하게 글로 남기는 방법을 추천합니다. 미래의 독자인 당신이 그 글과 함께 어떤 의미를 만들게 될지 기대해도 좋습니다.

단어와 단어 사이를 채우고, 문장과 문장을 연결하면서, 그 나쁜 경험을 새롭게 해석하는 사고 패턴이 생길 수 있습니다. 새로운 해석 패턴을 만들어가는 과정 자체가 마음을 치유하는 과정입니다.

1

해결하고 싶은 악몽 같은 경험이 있나요? 지금 의식의 흐름대로 한번
적어 보시겠습니까? 막 쓰세요. 괜찮습니다.

2

마음이 허락한다면, 막 쓴 글을 다시 읽어보세요.
단어나 문장을 고쳐 써 보는 건 어떨까요?
어떤 단어에 먼저 눈길이 가나요? 그 단어를 왜 고치고 싶을까요?

6장

왕년에
말이야

왕 년 에
말 이 야

어쩌다 꼰대

"아버지께서는 은퇴 후 줄곧 '내가 왕년에 말이야'를 입에 달고 사셨어요. '그때 이렇게 했어야 했다' 후회하시다가도, '지금도 뭐든 잘할 수 있다'면서 열정을 보이셔서 안심했어요. 그런데 잠시 후엔 '세상이 더 이상 나를 알아주지 않는다'고 한탄하시면서 갑자기 눈물을 뚝뚝 흘리시는 거예요."

내가 은퇴에 대한 책을 쓴다고 하니까 어떤 친구가 들려준 아버지 얘기다. 이젠 워낙 노쇠하셔서 일을 하실 수 없다고 한다. 그런데도 여전히 왕년 타령을 하신단다. 창립 이래 처음으로 수출 계약을 따냈던 일, 사우나보다 더운 사우디아라비아에서 일했던 시절은 아버지의 단골 메뉴다. 하신 말씀을 하고 또 하니 듣는 입장에서는 반은 흘려버리지만, 여전히 왈칵 눈물을 쏟는 아버지에게 무슨 말씀을 드려야 할지 모르겠다고 했다.

영업의 신 또는 보고서의 신이라고 불리던 선배들도 '왕년 타령'과 '이젠 한물 갔다' 사이를 어김없이 오고 간다. 노련한 취업 컨설턴트들은 말 몇 마디만 듣고도 은퇴한 지 얼마나 됐는지 알 수 있단다. 청소나 경비 일자리를 권했을 때, 짜증 섞인 '왕년 타령'이 즉시 나오면 은퇴한 지 얼마 안 된 분이다. '내가 누군지 아느냐, 안다면 그런 일을 나에게 권할 순 없지' 내심 이런 눈치를 준단다. 은퇴한 지 어느 정도 지난 분들은 왕년엔 정말 잘나갔지만, 가는 세월을 누가 이기냐며 너스레 떠는 말이 많다고 한다. 아무 말 없이 듣다가 짧게 "다음에도 잘 부탁한다"고 하는 분들은 은퇴한 지 아주 오래된 분들이다.

'Latte is Horse'라는 정체 분명의 영어 문장이 있다. '나 때는 말이야'를 연발하는 사람들을 놀리는 말이다. 우리는 어쩌다 과거에 묶여 사는 꼰대가 되었을까.

왕 년 에
말 이 야

과거형 인간

꼰대를 다른 말로 하면 과거형 인간쯤 되지 않을까. 지금 여기를 살지 못하고, 그때 그곳을 사는 사람이니 말이다. 지금 여기엔 못난 내가 살지만, 그때 그곳엔 멋진 내가 산다. 잘난 과거의 내가, 못난 지금의 나를 못살게 군다. 지금 여기에 있는 사람들은 진짜 나를 모른다. 그때 그 사람들이 나의 진가를 알아준다. 왕년 타령은 은퇴자에게 소박하지만 확실히 행복한 시간여행인 셈이다.

그래서 진지하게 물어봤다. "선배님, 타임머신을 타고 시간여행을 할 수 있다면 언제로 돌아가고 싶으세요?" 대부분 주저한다. 시간을 되돌려 과거로 간다 해도 도착하자마자, 바쁘고 불안한 현재를 살아내야 하기 때문이다. 아버지의 눈을 뜨게 하려고 인당수에 몸을 던진 효녀 심청처럼, 우리의 현재는 알 수 없는 미래를 위해 제물로 바쳐져 왔다. 눈부신 미래를 위해 현재를 공양물로 계속 바쳐야 한다면 타임머신이 무슨 소용인가. 결국 선배들은 대답 대신 깊은 한숨을 쉰다.

지금 뭔가를 이해했다면 과거에 배운 것들 덕분이다. 배우지 않은 걸 어떻게 이해할 수 있겠는가. 그렇다면 내가 이해한 미래는 과거의 유사품에 불과하다. 그럼에도 불구하고 우리가 쉬지 않고 미래를 예측하고 그 예측대로 계획을 세우는 건, 그만큼 현재가 불안하다는 증거다. 불안한 사람들끼리 모여 미래를 예측하고, 그 예측을 듣고 아무리 고개를 끄덕여도 예상한 미래는 오지 않는다. 이해된 미래는 이미 과거다. 과거형 인간이 예상한 미래는 과거와 닮는다.

술 취한 사람이 가로등 아래에서 뭔가를 열심히 찾고 있다. 지나가던 사람이 뭘 찾느냐고 묻자, 취객은 열쇠를 잃어버렸다고 한다. 행인까지 나서 찾아보지만 열쇠는 보이지 않는다. 답답해진 행인이 열쇠를 여기서 잃어버린 게 맞느냐고 묻자, 취객은 어이없게도 사실 저기 어두운 골목에서 잃어버렸다고 답한다. 그럼 왜 여기서 열쇠를 찾느냐, 잃어버린 골목에서 찾아야지 행인이 화를 내니 취객이 이렇게 말했단다. "저긴 너무 어두워서 열쇠를 찾을 자신이 없어요."

우리가 삶의 열쇠를 떨어트린 곳은 현재다. 우리는 언제나 현재만을 살기 때문이다. 그렇다면 현재에서 열쇠를 찾아야 한다. 아무리

어둡고 불안해도 현재를 떠나면 안 된다. 왕년이 아무리 밝고 화려해도 거기엔 삶의 열쇠가 없다.

일상의 위대함

지루한 일상을 마냥 즐겁게 사는 평범한 가족이 있다. 그러나 이 집 안 남자들은 결코 평범하지 않다. 시간여행을 할 수 있는 초능력이 있 기 때문이다. 아버지는 이 엄청난 능력을 아들에게 알려주면서 뭘 하 고 싶은지 묻는다. 이제 막 사춘기를 벗어난 남자가 뭘 하고 싶겠는가? 아들은 멋진 여자 친구를 만들기 위해 시간여행을 한다.

영화 〈어바웃 타임〉은 운명적인 사랑을 찾아 좌충우돌하는 아들 의 이야기를 주로 다룬다. 주인공인 아들은 현재에 문제가 생기면 과 거로 돌아가 잘못을 바로잡곤 한다. 그러던 어느 날, 주인공은 아버지 의 죽음과 자신의 아기 중 하나를 선택해야 하는 갈림길 앞에 서게 된 다. 결국 아들은 아버지의 죽음을 선택하고 아기를 살린다. 다시 평범한 일상으로 돌아 온 주인공은 이제 더 이상 시간여행을 하지 않는다.

영화는 흐르고 흘러 아버지와 아들은 마지막 시간여행을 떠난다. 아버지가 마지막으로 선택한 과거는 언제일까? 어떤 대단한 날일까? 놀랍게도 그날은 여느 때와 같은 평범한 하루였다. 아름다운 바닷가에서 어린 아들과 함께 있는 순간이었다. 그 순간이 아버지에게는 시간을 뛰어넘는 영원한 가치를 가졌던 것이다.

사람들은 왜 과거로 돌아가고 싶은 걸까? 그것은 현재를 자신에게 유리하도록 고치고 싶기 때문이다. 내가 사는 곳은 늘 현재다. 나의 관심사항과 희망사항은 현재에서 나온다. 보다 정확하게 말하면, 문제는 늘 현재에 만족하지 못하는 현재의 자신 때문에 생긴다. 과거는 나에게서 벗어나 이미 사실이 되었다. 우리는 객관적인 사실마저 고치려 한다. 지금 여기를 살고 있는 내 마음이 불안하기 때문이다.

일상에서 영원한 의미를 발견할 수 있는 사람은 억울하거나 불안하지 않다. 시간여행도 원하지 않는다. 그는 지난 과거를 감사하게 생각하는 사람, 그래서 과거로부터 자유로운 사람이다. 그에게는 아직 오지 않은 불안한 미래(未來)란 없다. 지금 여기를 향해 아름답게 오고 있는 미래(美來)가 있을 뿐이다.

미래의 의미를 바꾸는 힘은 지금 여기를 살고 있는 내 안에 있다. 진정한 시간여행은 지금 여기에서 날씨, 식사, 여행, 부부, 부모, 자식, 친구 등을 친절히 맞이하는 일상 그 자체에 있다.

지금 여기에 뿌리내리는
독서 모임

평범함이란 나를 특별하게 여기지 않는 것이다. 평범하게 오래 뿌리
내릴 수 있는 모임을 만들거나 참여하길 권한다. 사람들이 나를 특별
하게 보리라는 기대는 아예 접어 두자. 아무도 그럴 생각이 없다. 당신
도 마찬가지 아닌가. 우리는 생각보다 보잘것없고 투박하다. 그것이
사람들이 나와 같이 있고 싶은 이유다.

나는 독서 모임에 7년 정도 참여하고 있다. 처음에는 욕심이 컸
다. 입사 15년 차, 뭔가 뜻깊고 대단한 일을 하고 싶었다. 그래서 존재
감 없이 살기보단 중심에 서고 싶었다. 다양한 분야의 베스트셀러 작
가를 강사로 모셨다. 회사 업무를 통해 알게 된 수많은 회사원들을 불

러 모았다. 시끌벅적하고 뭔가 있어 보였다. 그런데 모임이 진행될수록 허전했다. 뿌리내린다는 느낌보다는 붕 떠 있어서 곧 추락할 것처럼 불안했다. '달라야만 한다', '특별해야만 한다', '의미 있어야만 한다'는 압박에 쫓겨 다녔다.

독서 모임 시즌1을 접으면서 남이 하는 얘기는 그만 듣고, 이제 우리 얘기 좀 떠들자는 의견에 마음이 갔다. 참석하는 사람의 수는 확실히 줄었지만, 이야기는 깊어졌다. 그날 자리에 있든 없든 한 사람 한 사람이 모두 중요한 사람이 되었다. 서로의 눈을 보면서 안부를 물었고, 표정과 말투에도 마음이 쓰였다.

고전을 읽었다. 다른 이유는 없다. 고전을 읽고 싶었기 때문이다. 하지만 고전에 얽매이지 않았다. 누가 다른 책을 추천하면 그걸 읽었다. 책 대신 유튜브를 보고 와도 자기가 사는 얘기만 담긴다면 문제 될 게 없었다. 우리가 고전을 읽는 이유는 지금 여기에서 내 삶을 돌아보기 위해서니까. 지금 여기에서 잃어버린 삶의 열쇠를 늦었지만 서두르지 않고 천천히 찾기 위해서니까.

나는 뿌리내렸다. 나는 책을 읽으면서 존재했고, 독후감을 쓰면서 존재했다. 모임에 참여하면서 존재했고, 나를 반갑게 맞이해 주는 친구들의 표정에서 존재했다. 친구가 쓴 글을 낭독할 때 그 목소리를 들으면서 존재했고, 잘 썼다고 칭찬하고 손뼉 치면서 존재했다. 다음

모임 일정을 약속하면서 존재했고, 술 마시고 책 이야기를 하면서 존재했다. 헤어질 무렵 안녕을 기원하는 인사를 하면서 존재했다. 나는 독서 모임을 통해 존재 깊이 뿌리내렸다. 내가 지금 여기 있다는 사실에 안심했다. 불안하지 않았다.

내 목소리로 듣는
철학

철학친교는 랜 라하브(Ran Lahav)라는 사람이 활발히 전개하고 있
는 철학실천 방법 중 하나다. 철학친교는 의미 있는 글을 함께 소리 내
어 읽고, 참가자들이 자신의 느낌을 솔직하게 말하고 듣는 시간이다. 나
는 이러한 상호작용을 통해 오래된 삶의 관성에서 빠져나올 수 있었다.

철학친교의 진행순서는 이렇다. 간단한 환영인사 후 명상을 한
다. 명상은 들뜬 마음을 차분하게 내려놓는 시간이다. 다른 세상으로
갈 때 잠시 휴대폰을 꺼두는 게 도움이 되듯, 철학친교로 들어갈 때 잠
시 세상 걱정을 끄는 명상은 큰 도움이 된다. 명상을 통해 '여기부터 철
학친교입니다'라는 신호를 마음에 새길 수 있다.

명상 후에는 본격적인 텍스트 읽기로 들어간다. 한 문장도 좋다. 예컨대, "내 영혼을 돌보라"라는 문장을 소리 내서 읽는다. 같이 읽기도 하고 한 사람씩 돌아가면서 읽기도 한다. 반복해서 읽고 듣다 보면, 전혀 새로운 느낌과 의미를 만날 수 있다. 이때 만난 느낌과 의미를 다른 사람과 나눈다.

나는 철학친교의 가장 큰 장점이 자기 목소리를 내고 듣는 것이라고 생각한다. 철학친교는 내 목소리로 듣는 철학인 셈이다. 같은 문장도 속으로 읽을 때와 소리 내어 읽을 때가 다르다. 여럿이 함께 읽으면 또 달라진다. 감동뿐만 아니라 의미도 달라진다.

텍스트의 의미가 순간마다 달라지는 경험은 '다음 중 가장 알맞은 것을 고르시오'라는 교육을 받아온 나로서는 낯선 것이었다. 뭔가 잘못하고 있다는 기분도 들었다. 정답이 없기 때문에 혼란스럽기까지 했다.

그러나 이 텍스트는 반드시 이렇게 해석되어야만 한다는 정답 따윈 철학친교에 없다. 철학친교는 자기 생각을 소리 내어 밝혀도 괜찮은 자유와 배려의 시간이다. 교수님 등 그 어떤 전문가의 견해에도 얽매이지 말라고 당부한다. 나는 자유롭게 말하고 듣는 넉넉함을 통해 쉼과 회복을 얻었다.

오십 이전의 나는
한 마리 개에 불과했다

이지(李贄)는 어려서부터 유학을 공부했고, 주변엔 공자와 주자를 하늘처럼 떠받드는 사람들이 많았다. 평생 공무원으로 살았던 이지는 은퇴를 한 후 거침없고 솔직한 자기 생각을 고백한다. 왕년에 얽매었다면 어림없는 행동이다.

"나는 어릴 적부터 성인의 가르침을 배웠지만, 그것이 무엇인지 알지 못한다. 공자는 존경하지만, 공자의 어디가 존경할 만한 곳인지 알지 못한다. 이는 난쟁이가 광대놀음을 구경하며 다른 사람들의 잘한다는 소리에 따라 함께 맞추는 장단일 뿐이다. 나이 오십 이전의 나는 한 마리 개에 불과했다. 앞에 있는 개가 자기 그림자를 보고 짖으면 같이 따라서 짖었던 것이다. 만약 누군가 내가 짖은 까닭을 물어 온다면 벙어리처럼 입을 다물고 쑥스럽게 웃을 수밖에 없다."

이지 지음, 김혜경 옮김, 《분서 I 》

그는 공자를 왜 존경해야 하는지 모르면서, 다른 사람들이 좋다고 하니까 자기도 좋다고 했을 뿐이라고 실토한다. 마치 다른 개가 짖으면 따라 짖는 한 마리 개로 자신을 비유했다. 이 문장을 읽고 한참을 멍하니 있었다. 꼭 나에게 하는 소리 같았다.

과거에서 풀려난 이지는 사상마저 자유로워졌다. 그는 성리학자이면서도 공자에게 얽매이지 않았다. 그는 세상 사람 흉내 내기를 그만두었다. 거침없는 자신의 기질에 맞는 공부를 했다. 불교, 도교, 기독교, 이슬람 등에도 관심을 가졌다. 노후엔 출가해 승려로 살았다. 그렇지만 세상과 등지지 않았다. 이론에 얽매이지 않고 현실에서 지혜를 찾았다.

자기 영혼을 돌보기 위한 철학 노트

하이데거는 인간이란 존재는 곧 시간이요, 시간이 인간 존재 그 자체라고 말합니다. 우리는 스스로 의미를 부여한 시간에서만 존재할 뿐입니다. 달력과 시계가 2020년 현재 시각을 가리켜도, 내 삶의 의미가 1990년에 머물고 있다면, 나는 그날 거기에서 살고 있는 것입니다.

그날 거기에서 살지 아니면 지금 여기에서 살지를 선택할 수 있는 사람은 오직 당신뿐입니다.

1

내가 자주 하는 왕년 이야기가 있나요? 어떤 내용인가요?
나는 왜 그 시절이 좋을까요?

2

타임머신을 타고 돌아가서 바꾸고 싶은 과거 사건이 있는지요?
그 사건을 바꾸고 싶은 이유는 무엇인가요? 어떻게 바꾸고 싶은지요?

3

내가 존재한다고 느낄 수 있는 친밀한 모임이 있나요?
그 모임에서 나는 어떤 모습으로 존재하나요?

7장

그 친구가 그럴 줄
몰랐지

왜 전화를 안 받지

"**정**말 서운하더라. 내가 박과장 입사 때부터 엄청 챙겨줬거든. 다른 사람은 몰라도 박과장이 나한테 그럴 줄은 몰랐지. 내가 나간다고 하니까, 밥은커녕 인사도 안 하는 거 있지. 얼마 전엔 화장실에서 마주쳤는데 못 본 척하고 휙 나가버리더라니까. 열 길 물속은 알아도 한 길 사람 속은 모른다더니 내가 사람을 잘못 봐도 한참 잘못 봤어."

"재훈아, 윤진이 연락되냐? 얼마 전부터 연락이 안 되네. 같이 피자집 하자고 했거든. 동네에 장사 잘되던 피자집이 하나 급매물로 나왔는데, 노리는 사람들이 많아서 지금 계약 안 하면 놓친다는 거야. 파는 사람이 너무 급해서 권리금 흥정도 할 시간이 없다고 하더라고. 돈 좀 빨리 보내라고 해서 퇴직금 부쳤는데, 그다음부터 이놈이 통 전화를 안 받네. 계약을 한 건지 안 한 건지 궁금해 죽겠네."

보통 이런 경우, 전화 받은 친구는 이렇게 대답한다. "홍한아, 윤진이 잠수 탔어. 정환이도 당했어. 우리가 사람을 잘못 봤어…."

우리는 이런 일들을 익히 알고 있다. 회사에서 한물갔다, 이빨 빠졌다, 곧 그만둔다더라 이런 말이 돌면, 잘 지내던 선후배 중 태도가 싹 돌변하는 사람이 있다. 은퇴 후 퇴직금 사기는 보통 친구들한테 당한다. 나에게 얼마의 목돈이 있다는 사실과 내가 끌릴만한 걸 잘 아는 사람이 일을 만들면 꼼짝없이 당하기 마련이다.

우리는 가족들이 말하면 잘 안 듣고, 친구들 말은 잘 듣는 신축성 좋은 귀를 가졌다. 몇 년 전 유명 아나운서가 친구에게 속아 퇴직금을 날렸다는 방송을 봤다. '폐기물에서 기름이 나온다'라는 친구 말은 곧이들리고, 그게 말이 되냐며 따지는 아내 말은 아무것도 모르는 비전문가의 잔소리로 들린다. 이 아나운서도 아내 말을 들은 척도 하지 않았다가 큰 낭패를 본 것이다. 아내 말을 들으면 자다가도 떡이 생긴다는 말이 괜히 생긴 말은 아닌가 보다.

내 책임도 있다

박과장은 왜 그렇게 선배에게 매몰차게 했을까? 혹시 그도 원래부터 나쁜 사람이 아니라, 회사에서 변한 건 아닐까? 회사에서 어찌어찌 살다 보니, 상식과는 다른 믿음을 갖게 된 건 아닐까? 회사의 어떤 문제가 박과장을 바꿔 놓았을까?

정치학자 헤럴드 라스웰은 정치란 '누가 무엇을 언제 어떻게 먹느냐'를 정해 주는 것이라고 말했다. 《침팬지 폴리틱스》를 쓴 영장류 학자 프란스 드 발은 이런 게 정치라면 침팬지에게도 정치적 속성이 있음은 의심의 여지가 없다고 잘라 말한다. 반면, 아리스토텔레스는 《니코마코스 윤리학》에 이렇게 썼다. 정치란, 우리가 해야 할 일과 하지 말아야 할 일을 합의하고 결정하는 과정이다.

　잘 살펴보면 정치에 대한 위 견해들이 매우 다르다는 걸 알 수 있다. 누가, 무엇을, 언제, 어떻게 '먹느냐'에 방점이 찍히면, 해선 안 되는 일을 해서라도 먹고 싶은 건 먹는 사람이 생긴다. 반면, 사람에겐 아무리 좋아도 해선 안 될 일과 아무리 싫어도 꼭 해야 할 일이 있다는 것을 강조하면 '누가, 무엇을, 언제, 어떻게'를 판단할 때, 윤리가 작동하기 시작한다. 그래서 정치가 중요하다.

　당신에게 묻겠다. 당신은 '사내정치'가 이 중 어떤 정치에 해당한다고 생각하는가? 침팬지에게도 있다는 그 정치인가, 아니면 아리스토텔레스가 말한 정치인가? 이러한 질문은 의미 있어 보인다. 왜냐하면 회사에 남은 직원들이 퇴직을 앞둔 사람들을 어떻게 대우할지 잘 설명해 주기 때문이다.

　만약 사내정치가 침팬지 수준의 정치라면, 나에게 떡 하나 더 줄 가능성이 없어진 사람들을 어떻게 취급할진 대강 짐작이 간다. 정승집 개가 죽으면 문전성시를 이루지만 정작 정승이 죽으면 문상객을 보기 어렵다는 속담이 괜히 생긴 게 아니다.

　반면, 아리스토텔레스가 말한 것처럼, 사내정치도 우리가 해야 할 일과 하지 말아야 할 일을 회사 내에서 결정하는 과정이라면, 퇴직을 앞둔 선배를 대하는 태도는 달라질 것이다. 사람을 사람답게 만드는 윤리적 기준이 퇴직을 기준으로 싹 바뀔 순 없기 때문이다.

돌변한 사람들의 태도 때문에 너무 서운해하지 않길 바란다. 물론 그런 야박한 일이 생긴 이유가 그 사람의 인격 때문일 수도 있다. 그러나 원래 그렇지 않았던 사람이 회사생활하면서 자기도 모르게 물들어버린 사내정치의 결과일 수도 있다. 다들 그렇게 하고, 그렇게 하지 않으면 나만 손해라는 생각에 불안해서 그랬을 수도 있다. 다시 말해, 내가 이런 취급을 받는 데에는 그런 사내정치에 동조해온 내 책임도 있는 셈이다. 나에게 잘하는 예쁜 놈에게 떡 하나 더 주려고 뭔가 꾸며왔다면, 나 역시 영락없는 침팬지 정치를 한 것이다. 내가 박과장을 챙겨줬기 때문에 손해 본 사람이 분명히 있다.

사람 말+믿음
=용서

믿는 도끼에 발등 찍힌다는 속담이 있다. 요즘에는 "헌신하면 헌신 짝 된다"를 대신 쓴단다. 도끼에 발등을 찍혔던, 헌신짝이 됐던, 배신은 매우 고통스럽다. 여기서 한 가지 짚고 넘어갈 문제가 하나 있다. 내가 누군가를 믿었다고 할 때, 그 믿음이란 도대체 무슨 뜻일까? 혹시 그 사람을 이용해 내가 어떤 이득을 볼 생각이었는데 그게 뜻대로 되지 않았다는 의미는 아닌가? 일이 뜻대로 풀리지 않자, 그 책임으로부터 풀려나고 싶은 핑계로 믿음을 말하는 건 아닌가? 내가 베푼 최선은 '믿음'이고, 일이 잘못된 전적인 책임은 그 친구의 '배신'이라고 하면 사건이 간단하게 정리되니까.

노자의 《도덕경》 17장은 좋은 지도자의 순위를 설명한 내용으로 보통 해석된다. 이에 따르면 1등 지도자는 그가 있는지 없는지 백성들이 모르는 자다. 그만큼 백성들이 잘 먹고 잘 살고 있다는 뜻이기도 하다. 2등은 백성들이 존경하는 지도자, 3등은 백성들이 무서워하는 지도자, 꼴등은 백성들이 업신여기는 지도자다.

내가 보기엔 《도덕경》 17장의 꿀맛은 다음에 등장하는 마지막 구절이다. 노자는 믿음이라는 말을 아끼라고 하면서 이렇게 글을 끝낸다. "일이 잘 되면 백성들은 모두 내가 한 것이라 말한다."

노자는 왜 믿음이라는 말을 아끼라고 하면서, 백성들의 속마음을 들췄을까? 혹시 노자는 믿을 신(信)이라는 한자가 사람(人)의 말(言)이라는 것에 주목하지 않았을까? 학자들은 노자가 춘추전국이라는 전쟁시대를 살았을 것으로 추정한다. 이 추정이 옳다면 노자는 사람들이 칼에 죽고, 굶어 죽고, 고문에 의해 죽어가는 걸 수없이 목격했을 것이다. 이렇게 불안하기 짝이 없는 전쟁 중에 사람의 말은 과연 믿을만한 것일까?

내가 보기에 노자의 생각은 이렇다. 사람이란 자기중심적이다. 내 배 부르고, 내 등 따뜻하면 지도자는 누가 됐던 상관없다. 일이 잘 되면 그건 모두 내가 잘했기 때문이다. 이런 사람의 입에서 나온 말이란 애당초 믿음의 대상이 아니다. 오히려 의심의 대상이다. 따라서 누군가의 말을 믿는다고 심중을 드러낼 땐 신중해야 한다. 믿음은 이 정도 각오는 돼야 뱉을 수 있는 말이다.

"당신이 혹여 배신하더라도, 나는 당신을 용서할 준비가 되어 있습니다."

사람 말을 믿는다는 건, 용서하겠다는 뜻이다. 일이 잘 되지 않더라도 그 사람과의 관계에 변화가 없어야 믿음이 제대로 작동한 것이다. 나에게 손해가 있더라도 그럴 수 있는 일이라며 그 사람을 이해해야 믿음다운 것이다. 배신당한 상황에서 내가 해야 할 일은 이해득실에 연연하지 않고 도망간 그 사람을 그대로 받아들이는 일이다. 이 정도는 돼야 믿음 아니겠나.

그 친 구 가
그럴 줄 몰랐지

겉과 속이
다르다

그렇다. 믿음이란 말은 일이 술술 잘 풀릴 땐 별 의미가 없다. 믿음이란 불안하고 어려울 때 큰 의미를 갖는다. 앞이 캄캄해서 아무것도 보이지 않을 때, 예상한다는 것 자체가 아무런 의미도 없을 때, 그럼에도 불구하고 일을 해야 할 때, 바로 그때 믿음이 힘을 발휘한다. 이렇게 믿음은 일이 내 뜻대로 되지 않을 가능성이 매우 높은 상황에서 하게 되는 말이다.

데카르트는 자기 존재를 확신하는 방법으로 의심에 의심을 거듭하는 방법론적 회의를 제시했다. 이런 상상을 해 보는 건 어떨까. 방금 데카르트가 더 이상 의심할 수 없는 합리적인 정답을 가지고 왔다며 의기양양하게 우리 앞에 서 있다고 해 보자. 그는 우리가 자신의 정답을 어떻게 대해 주길 바랄까? 우리에게 친숙한 객관식으로 준비했다. 선택해 보시라.

① 다시 의심하길 바란다.
② 믿어 주길 바란다.

내가 데카르트를 너무 대충 봤는지 모르겠지만, 아무래도 나는 2번 같다. 사회가 안정적으로 유지되는 이유는, 누군가 잘 의심해서 얻은 정답이 뛰어난 탓도 있겠지만, 그것을 의심 없이 믿어 준 많은 사람들의 응원 때문이라고 믿는다.

은행에서 빌린 돈을 신용이라고 한다. 그렇다고 은행이 아무 조건 없이 나를 믿고 돈을 빌려줬다고 생각하는 사람은 아무도 없다. 이때 신용이란 말 속에는 철저한 계산이 깔려 있기 때문이다.

"본 은행의 리스크 관리 기준에 따라 고객님의 자산 상태를 검토해 보니, 돈을 빌려드리는 게 우리에게 이익이라는 결과가 나왔습니다. 우리는 우리의 계산을 믿습니다. 이러한 우리의 믿음을 고객님께서 져버리신다면, 고객님 자산에 상당히 곤란한 일이 생길 겁니다. 자, 서명하시죠!"

우리 사회의 신용은 겉과 속이 다르다.

믿음은
어긋난다

빈센트 반 고흐는 우리나라 사람들이 가장 좋아하는 화가라고 한다. 우리나라 사람들이 그를 좋아하는 이유는 물론 그의 위대한 작품 때문이겠지만, 눈물 없인 들을 수 없는 그의 삶 때문이기도 할 것이다.

그는 목사의 아들로 태어났다. 부모님의 바람에 따라 자신 역시 목사가 되길 원했다. 탄광촌에서 평신도 목회를 할 만큼 열정이 대단했지만, 신학은 그에게 너무 어려웠다. 목사 시험 합격을 위해 여러 해 공부했지만, 결국 그는 목사가 되지 못했다.

목사가 되지 못했다는 죄책감 때문이었을까? 그의 언뜻 이해하기 힘든 일들을 하곤 했다. 빈센트는 케이라는 여성을 짝사랑했다. 케이는 과부이면서 그의 사촌이었다. 케이는 빈센트의 사랑 고백에 "절대 안 된다"고 잘라 말한다. 그럼에도 불구하고 그녀에 대한 빈센트의 열렬한 사랑은 한동안 계속된다.

이 일이 있은 후, 빈센트는 아기가 있는 창녀와 결혼하고자 했다. 당연히 부모는 결혼에 반대한다. 그러던 어느 날, 빈센트는 자기 귀를 잘라 창녀에게 가져다주었다. 그런 자기 모습을 자화상으로 남기기도 했다.

여러 여건들이 계속 나빠졌지만, 빈센트는 계속 그렸다. 아플 때도 처절하게 그렸다. 그는 미술에 대한 확고한 신념이 있다고 동생에게 보낸 편지에 썼다. 37세의 어느 날, 그는 '까마귀가 나는 밀밭'에서 권총으로 자기 생을 스스로 마감한다.

고흐는 자신의 천재성을 인정받기 위해 10년 동안 약 2,000점에 달하는 작품을 그렸다. 다들 알다시피, 이 중에 팔린 것은 거의 없다. 이런 상황에서 자신을 끝까지 후원해 주었던 사람은 동생 테오였다. 고흐가 테오에게 보낸 편지에 자주 쓴 문장이 하나 있다. 그는 동생 테오와 영혼을 나눠가졌다고 할 만큼 친밀한 사이였지만, 이 말을 여러 번 쓸 수밖에 없었다.

"나를 믿어다오."

당시 누군가 고흐를 믿었다면, 그 집안은 그야말로 운수대통했을 것이다. 고흐 작품 중에는 천억 원이 넘는 것들도 있으니 말이다. 믿어도 될 사람은 못 믿고, 못 믿을 사람 말은 믿는 어긋남은 누구 인생에나 등장하는 불청객인가보다.

어긋남과
사이좋게 지내기

침팬지 수준의 사내정치를 통해 달면 삼키고 쓰면 뱉는 걸 배운 후배, 죽마고우의 돈이라도 먹을 수 있을 때 일단 먹어야 한다는 동업자 정신, 전쟁에서 참을 수 없는 말의 가벼움을 수없이 목격한 노자, 천재성을 가졌지만 세상이 자기 작품을 알아주지 않자 나를 믿어달라고 애원할 수밖에 없었던 빈센트 반 고흐…. 이들은 믿음이 서로 어긋났다는 점에서 닮았다.

죽마고우에게 거액의 퇴직금을 아무 의심 없이 건넨 당신의 경솔함을 지적하려는 게 결코 아니다. 누구나 당할 수 있는 일이고, 당장에는 절대 용서할 수 없는 일이다. 나도 그렇다. 일단 그놈들에게 쌍욕 한

번 제대로 하자. 그러나 이런 일을 당하고 나서 언제까지 내 탓만 하거나, 그 친구 탓만 하기엔 우리 나이가 적지 않다.

기억해야 할 것은 사람 사이에 믿음의 타이밍을 맞추기란 거의 불가능하다는 점이다. 이미 배신을 당한 사람이나, 아직 당하지 않은 사람이나 세상과 사람에 대해 다시 공부를 시작해 보자고 조심스럽게 권하고 싶다.

자기 영혼을 돌보기 위한 철학 노트

성경은 믿음을 하나님의 선물이라고 표현합니다. 그렇다면 하나님으로부터 받지 않은 믿음은 가짜 믿음일 것입니다. 배신당했다고 느꼈을 때, 배신당한 나의 믿음은 어디서 온 것일까요? 제 경우엔 전부 나로부터 온 것이었습니다.

$$\boxed{1}$$

회사 동료, 후배, 친구 등 가까운 사람에게 배신당한 적이 있나요?
그때 내가 그들에게 주었던 믿음이란 무엇이었나요?
혹시 이해타산은 아니었나요?

$$\boxed{2}$$

어떤 상황에서라도 나를 꼭 믿어 주었으면 하는 사람이 있나요?
누구인가요? 그 사람이 왜 나를 믿어 주길 바라나요?

$$\boxed{3}$$

인생은 어긋난 것과 사이좋게 지내는 과정이라고 할 수 있습니다.
어떻게 하면 예상 밖의 사건들과 잘 지낼 수 있을까요?
사람과 세상, 즉 인문학을 공부하는 것이 대안이 될 수 있을까요?

8장

아빠 말고,
아빠 카드

아빠 말고,
아빠 카드

내리사랑과
노후난민

"자동차 하면 가장 먼저 무엇이 생각나세요?"라고 남자들에게 물어봤다. 독일 남자들은 본능, 관능미, 쾌감 등이 답변으로 자주 나왔고, 일본에서는 효율성과 경제성이라고 답했다. 그렇다면 우리나라 남자들은 어떤 대답을 했을까? 바로 '가족'이었다. 우리가 중형 이상 큰 차를 선호하는 이유도 가족과 무관치 않다.

자동차도 가족을 생각하면서 고르는 아빠들. 가족은 한국 아빠들에겐 에너지의 원천이면서, 동시에 걱정의 아이콘이다. 특히, 아이들 교육 걱정은 이만저만이 아니다. 자녀들에게 신경은 있는 대로 쓰지만, 아이러니하게도 자녀들로부터 위로를 받는 경우는 거의 없다. 상처나 안 받으면 다행인데, 그게 쉽지 않다. '내리사랑'이란 말의 위력만

몸소 겪을 뿐이다. 자식의 부모를 향한 마음과 부모의 자식을 향한 마음이 다른 이유는 자연의 방향이 거슬러 올라가지 않고, 아래로 흐르기 때문이란다. 자연의 이치라고 해도, 마음이 불편한 건 사실이다.

노후난민이란 말이 있다. 노후자금이 부족해서 기본적인 의식주를 혼자 해결하지 못하는 고령자를 뜻한다. 많은 전문가들이 꼽은 노후난민의 원인 중 하나는, 자녀에게 모든 걸 주려는 부모 마음이다. 여전히 많은 부모가 자녀 양육비와 교육비는 물론 결혼까지 책임지려고 한다.

자녀 한 명을 낳아 대학까지 졸업시키는 데 드는 비용을 약 4억 원으로 추정한 뉴스가 있었다. 인터뷰를 한 초등학교 6학년 학생은 학원을 6곳인가 7곳 다닌다고 말했다. 너무 많아서 몇 군데인지조차 헷갈린 것인데, 그럴만한 숫자다. 한 엄마는 두 아이에게 들어가는 한 달 사교육비가 130~140만 원이라고 했다. 이런저런 비용을 합한 총액은 3억 9천여만 원. 5년 전 조사보다 약 1억 원 가까이 늘어났다. 여기에 하늘 높은지 모르는 교만한 아파트 전세값까지 합친다면, 나로서는 노후난민을 피할 길이 없어 보인다.

엄마와 고등학생 딸이 소곤소곤 뭔가 이야기한다. 아빠가 밖에서 얼핏 들으니까, 자꾸 자기 얘기가 나온다. "아빠…그렇게 해 주실까? 아빠…참 좋은데. 아빠…미안하잖아." 아빠는 빠진 말들을 채워 나갔다. 지금 딸은 주말에 나와 어디를 가고 싶다. 피곤한 나는 주말엔 항상 늦잠이다. 딸은 그게 마음에 걸려, 내게 함께 가자고 말하지 못하고 있는 것이다. 아빠는 이런 결론에 매우 만족했다. 그리고 흔쾌히 딸의 부탁을 들어 준다. 이번 주말엔 딸과 함께!

"작은딸, 아빠 주말에 시간 괜찮아. 너무 미안해하지 않아도 돼."
"응??? 안물안궁. 아빠 말고 아빠 카드 얘기한 거야."

키우는 게 가장
큰 효도

나이 들면서 느끼는 거지만, 어른들 말씀 중에 틀린 게 없다. 특히 자녀 문제에 대해선 더욱 그렇다. 아이들 키우는 게 힘들다고 하면 "그래도 애들 키울 때가 제일 많이 효도 받는 때다" 하셨다.

고개 가누기, 몸 뒤집기, 일어서기, 걷기, 말하기 등이 남들보다 조금이라도 늦다 싶으면 큰일 난 줄 알고 이리저리 알아본다. 볼이 벌 겋거나, 대소변 색깔이 이상해도 비상이 걸린다. 감기 때문에 코라도 막히면 입으로 빨아 주기도 했다. 영어유치원, 발레, 태권도, 피아노, 바이올린까지 또 뒤질세라 학원에 보낸다.

초등학교에 가니 인증받을 게 많다. 줄넘기 인증, 한자 인증, 독후감 인증 등등. 수많은 인증 뒤엔 부모의 종종걸음이 있다. 그런데 이게 모두 내가 받은 효도란다. 그땐 몰랐지만 아이들이 사춘기에 들어서면서 그 말씀에 한 치 오차도 없다는 걸 알게 되었다.

핵폭탄보다 무섭다는 중2병. 우리 아이들도 피할 수 없었다. 생각해 보니 동시에 세 명 모두 앓기도 했다. 아슬아슬한 순간이 한두 번이 아니었다. 죄 없는 방문만 쾅쾅 닫혔고, 발로 차였다.

요즘 학교는 자녀들의 상점과 벌점 상황을 카톡으로 보낸다. 수업에 적극 참여해 상점 1점, 교복 똑바로 안 입어서 벌점 2점, 실내화 신고 운동장 나가서 벌점 2점, 떠들어서 벌점 3점, 또 뭐 뭐 잘못해 벌점 20점… 상점은 가뭄에 콩 나듯 왔고, 벌점은 폭우처럼 내렸다. 벌점 핑계로 대화라는 걸 시도해 본다. 1분 안에 초심을 잃는다. 목소리가 커진다. 아들은 한 마디도 지지 않는다. 집안은 일촉즉발, 풍전등화 상황이 된다.

아들과의 평화적 대화를 위해 비폭력 대화법을 훈련한다는 친구는 이렇게 실토했다. 그 친구는 관찰, 느낌, 욕구, 부탁 등 비폭력 대화의 4요소를 용케 외웠다. 아들이 앞에 있다고 상상하면서 거실에서 훈련을 거듭했다.

어느 날, 아들이 거실로 들어오더니 자기에게 인사도 하지 않고 TV를 켰다. 아들을 잘 관찰하고, 자기가 원하는 걸 부탁 형식으로 말을 걸었다. "아빠가 지금 생각할 것이 많은데, TV를 좀 꺼줄 수 있을까?", 아들은 한숨을 푹 쉬더니 격앙된 목소리로 이렇게 말했단다. "아빠 생각은 안방 가서 하세요. 여긴 거실이잖아요." 이후 대화는 폭력적 대화의 결정판이었단다. 그 친구는 더 이상 비폭력적 대화를 연습하지 않는다.

자식이
내 맘 같지 않은 이유

생물학자들은 부모가 자식에게 쏟는 사랑의 원인을 호르몬으로 본다. 쥐를 이용한 실험 결과, 출산 전후 뇌에서 즐거움을 주는 도파민 수치가 상승했다. 다른 연구팀은 두 개의 상자 중, 하나에는 도파민을 분비시키는 코카인을 넣고, 다른 하나에는 자기 새끼를 넣는 실험을 했다. 출산 초기의 쥐는 평소 좋아하던 코카인이 아닌, 새끼가 있는 상자로 들어갔다. 새끼가 더 좋은 것이다. 쥐들이 이래저래 고생이 많다.

그럼, 사람은 어떨까? 과학자들은 엄마와 아빠를 만드는 호르몬도 발견했다. 출산 과정에서 나오는 옥시토신은 여성을 엄마로 바꾸는 역할을 한다. 남성은 아내의 출산 전후에 바소프레신이라는 호르몬 수치가 높아진다. 바소프레신은 새끼를 보호하기 위한 공격성을 높이고, 새끼와 놀아 주려는 부성 행동을 증가시킨다.

안타깝게도 이러한 호르몬은 출산 전후에만 나온다. 신의 섭리이건, 이기적 유전자의 소행이건 호르몬 분비 기간이 너무 짧다. 가정의 평화를 위해 자녀들이 중학교를 졸업할 때까지 엄마 아빠의 호르몬 분비를 연장했어야 했다. 욕심을 더 내자면, 비인간적인 근로조건으로 인해 피곤한 엄마 아빠에게는 더 많은 호르몬이 나오도록 했으면 좋았을 것이다. 나는 고백한다. 내 몸이 천근만근인 날에는 나를 향해 엉금엉금 기어오는 아이들이 마냥 예쁘지만은 않았다. 부모라는 이름에서 벗어나 현실적으로 나를 챙겨야 할 때가 있다. 은퇴도 그중 하나다.

자식이 내 맘 같지 않다며 서운해하는 경우도 많다. 내가 아니라, 내가 벌어오는 돈에만 관심이 있는 것 같아 배신감마저 든다. 자식이 내 맘 같지 않은 데는 그만한 이유가 있다.

첫째, 원래 내 마음은 내 몸에만 적용되는 거다. 내 마음을 다른 사람에게까지 확장해서 적용하려는 것 자체가 반칙이다. 한 나라의 주권이 그 나라에만 미치는 것과 같은 이치다. 일본이 우리나라에게 이래라저래라 하면 온 국민이 분노하는 것처럼, 부모가 아이들에게 이래라저래라 하면 아이들의 온 세포가 분노한다.

아이들은 엄연히 독립된 하나의 인격체다. 사춘기는 부모로부터 독립운동하는 기간이다. 우리 아이들은 사춘기 때 자기 자신으로 다시 태어난다. 자기 자신으로 다시 태어난다는 말은 자기 자신이 아니었던 어린 시절이 죽었다는 의미이기도 하다. 아이들은 사춘기 때 자기 죽음을 경험하는 것이다.

누가 나의 어린 시절을 규정하는가? 부모다. 그리스 신화에는 부친 살해를 다루는 경우가 많다. 신의 왕이라는 제우스도 자신의 아버지 크로노스를 죽였다. 크로노스는 시간이다. 모든 존재는 시간에서 태어난다. 제우스는 그 시간을 죽임으로써 자기만의 시간을 얻어낸다. 사춘기 때 아이들은 자기만의 시간과 공간이 필요하다고 느낀다. 자기만의 삶에 대한 의지가 발동하는 것이다. 제우스의 부친 살해는 이러한 인간 성장의 자연스런 단계를 극적으로 보여 준다.

둘째, 모든 사람은 시대의 자식이기도 하다. 인간은 자기가 소속된 공동체의 영향을 피할 수 없다. 내가 낳아 기르는 것 같지만, 사실 우리는 이 시대와 함께 아이들을 키우고 있다.

짙게 화장하고 짧은 치마를 입은 아이돌에게 환호하고, 돈 잘 번다고 칭찬하는 시대에 태어나고 자란 아이들이다. 아무리 화장하지 마라, 짧게 입지 마라 해도 아이들이 말을 듣지 않는 이유가 여기에 있다.

우리 아이들은 이 시대가 추구하는 가치를 태어날 때부터 온몸으로 배웠다. 요즘 아이들은 외모에 너무 관심이 많다고 걱정하는 분들이 있다. 지금 이 시대와 부모가 그렇다는 증거다. 요즘 아이들이 너무 돈만 밝힌다며 걱정하는 분들도 있다. 너무 돈만 밝히는 시대와 부모 탓이다.

그 방법 말곤 없다

그래서일까? 플라톤은 무시무시한 생각을 하나 했다. 그는 '부인공유제'를 통해 아이들이 자신의 부모를 알지 못하도록 하는 교육 시스템을 제안했다. 플라톤은 한 인간에게는 타고난 성품도 있지만, 그러한 성품이 잘 발현되기 위해서는 부모의 영향력을 최소화하고, 매우 잘 설계된 교육을 통해 양육되어야 한다고 주장한다. 기존 세계관, 즉 이기적이고 욕망에 충실한 부모로부터 받는 영향을 원천 차단해야, 한 나라를 이끌 수 있는 통치자가 될 수 있다고 그는 보았다. 물론 여기에는 기득권 계층이 자식 사랑에 매몰되지 않도록 하려는 의도도 있었다.

아리스토텔레스에게 도덕은 정해진 '규칙 따라하기'가 아니다.

실전에서 활용할 수 있는 윤리적 분별력은 글로 배울 수 없다. 구체적인 상황에 자신이 직접 놓여 봐야 조금씩 터득할 수 있는 것이다.

이런 이유로 아리스토텔레스는 습관을 강조한다. 어릴 때부터 구체적 갈등 상황에서 만들어진 공포, 욕심, 분노, 슬픔, 기쁨 속에서 그가 반복적으로 어떤 행동을 취했는지, 그때마다 부모나 공동체로부터 어떤 평가를 받았는지에 따라 한 사람의 습관이 결정된다. 좋은 습관이 없다면, 감정이 고조된 상황에서 갑자기 윤리적 분별력을 발휘하기란 쉽지 않다.

플라톤과 아리스토텔레스의 생각을 보니 아차 늦었다 싶을 수도 있다. 그렇지 않다. 두 사람의 주장에는 두 가지 공통점이 있는데, 이건 지금도 우리가 할 수 있는 것들이다.

첫째, 기존에 정해진 규칙을 무작정 자녀에게 주입시키지 말라는 것이다. 우리나라의 법률이 일본에서 통하지 않는 것처럼, 나의 규칙 나의 가치관을 자녀들에게 주입하고 강요해서는 안 된다. 내가 정해준 규칙에 따라 아이들을 평가하면, 아이들의 인격은 식민지가 되어버린다. 내 입에 시원한 국물을 아이들에게 억지로 먹이면 아이들은 화상을 입을 수도 있다. 자녀들이 자기 법률을 스스로 제정할 수 있도록 부모가 되도록 빨리 철수해야 한다. 그들이 자기만의 삶을 맛볼 수 있도록 혼자 요리할 시간을 주어야 한다.

둘째, 믿고 지켜보라는 것이다. 플라톤이 말한 대로 교육하면 모든 아이들이 다 통치자가 될 수 있을까? 플라톤도 그렇게 보지는 않았다. 교육 효과는 사람마다 다르다고 그도 인정했다. 아이들에게 다양한 경험과 교육이 필요한 이유다. 대학입시만을 목표로, 돈 버는 재능만을 최고로 정해놓고 자녀들을 평가하면 대부분의 아이들은 실패자가 된다. 아이들이 어떤 분야에 관심과 소질이 있는지는 평생 믿고 지켜볼 수밖에 없다. 그것도 그들이 알아서 할 문제다.

아리스토텔레스가 말한 것처럼 윤리적인 분별력은 삶에서 발생하는 구체적인 갈등 상황을 해결하는 능력이다. 문제는 사람마다 구체적인 갈등 상황이 다르다는 점이다. 각자 자기 삶을 살 수밖에 없기 때문이다. 얼핏 같은 것처럼 보이는 상황에서도 어떤 사람은 크게 흥분하지만, 어떤 사람은 상대적으로 차분하다. 감정 상태에 따라 그 사건에 대한 해석도 달라진다.

예를 들어 어떤 사람이 쓰러져 있다고 생각해 보자. 어떤 사람은 모른 척 지나가고, 어떤 사람은 119나 경찰에 신고한다. 어떤 사람은 자신이 직접 그 사람을 병원으로 데려간다.

아리스토텔레스는 그 상황에서 각자 스스로 가장 좋은 행동을 하도록 판단하고 실천하는 삶의 지혜를 '프로네시스(pronesis)'라고 불렀다. 프로네시스는 누가 가르쳐 줄 수도 없다. 마치 삶을 대신 살아 줄 수 없는 것과 마찬가지다. 자녀들이 자기 삶의 맥락에 맞는 프로네시스를 갖길 바란다면 믿고 지켜보는 방법이 가장 좋다. 사실 그 방법 말고 우리가 할 수 있는 게 없다.

아이들 이야기를 하다 보면, 부모님 생각이 절로 나는 나이가 되었다. 부모님께서 정말 속이 상하시면 나에게 이런 말씀을 하곤 하셨다. "딱 너 같은 자식새끼 낳아 길러봐라!" 그 말씀 그대로 이루어졌을 뿐이다. 아이들 때문에 화가 날 때마다, 이 말씀이 나를 지켜준다.

자기 영혼을 돌보기 위한 철학 노트

소크라테스는 아이들을 잘 가르칠 사람인지 알기 위해 '인간적이고 시민적인 덕'을 아는 사람인지 물었습니다. 아리스토텔레스가 쓴 《니코마코스 윤리학》은 '행복한 삶'에 대한 책으로 유명합니다. 니코마코스는 아리스토텔레스의 아들입니다.

'인간적이고 시민적인 덕'이나 '행복한 삶'에 대해 저는 아이들에게 얘기하지 않았습니다. 학교 성적만 자주 물었습니다.

아이들은 나와 세상에게 배운 대로 하고 있는지도 모릅니다.

1

아이들과의 소중한 추억이 있나요?
자녀들이 사춘기나 성인이 된 후에는 어떻게 함께 지냈나요?

2

자녀들에게 꼭 들려주고 싶은 나만의 프로네시스가 있나요?
어떤 상황에서 발휘된 삶의 지혜였나요?

3

나의 모습을 아이 모습에서 발견한 경험이 있나요? 자녀와의 갈등 상황에서
'아, 저건 내 모습이구나' 한 경우는 없는지요? 그건 나의 어떤 모습이었나요?

9장

황혼이혼과
백년해로 사이

이제 좀 자유롭게
살고 싶어

선배는 엉엉 울기 시작했다. 인생 전체가 무너져 내렸다고 했다. 안 그래도 은퇴를 앞두고 이런저런 고민이 많은 선배였다. 그래서 처음엔 은퇴 걱정을 너무 심하게 하는 거 아닌가 싶었다.

선배는 책상 위에 서류 하나를 올려놨다. 부인이 제기한 이혼소 장이었다. 느닷없는 이혼 요구에 아무리 냉정을 찾으려고 해도 찾을 수 없었다고 한다. 멍해졌다가 울고, 그러다가 웃는단다. 이러다가 무슨 사고라도 칠까 봐 집에 들어가기 싫다고도 했다. 부인은 이혼을 원하는 이유를 이렇게 말했다고 한다.

"이제 좀 자유롭게 살고 싶어."

누구의 잘잘못을 떠나 안타까웠다. 선배뿐만 아니라 이혼한다는 사람들이 많다. 아이들이 성인이 되어 더 이상 부모가 필요 없고 특별히 경제적인 어려움이 없다면 이제라도 자신의 삶을 자유롭게 살고자 하는 욕구 표출이 확실히 강해졌다. 혼인은 유지하면서도 서로 자유롭게 살자는 의미로 '졸혼'이라는 말을 쓰기도 하지만, 이 말을 듣는 배우자 입장에서는 이혼과 다를 바 없을 것이다.

통계청이 2019년 9월에 발표한 '2019 고령자 통계'에 따르면, 2018년 고령층(만 65세 이상) 남성 이혼 건수는 총 8,032건으로 전년 대비 16.7퍼센트 늘었다. 고령 여성의 이혼 건수도 4,148건으로 전년 (3,427건)보다 21.0퍼센트 증가했다. 이혼에 대해 긍정적인 답변을 한 고령자의 수는 점차 늘어나는 반면, 이혼에 반대하는 응답은 계속 줄어들고 있다. 황혼이혼이든 졸혼이든 이런 사회 분위기라면 계속 늘어날 것으로 보인다.

이런 통계도 있다. 법원행정처에 따르면, 설과 추석 명절 앞뒤 10일 동안 하루 평균 이혼 건수는 다른 날들보다 2배 이상 높다고 한다. 그래서일까? 성인 4명 중 3명은 명절에 고생한 배우자를 위해 선물을 준비한다고 한다.

한편, 지난해 서울가정법원은 여배우와 사랑에 빠진 유명 영화감독이 배우자를 상대로 제기한 이혼 청구에 대해, 그가 혼인생활을 파탄 낸 장본인이므로 이혼을 청구할 수 없다는 판결을 내렸다. 대법원은 1965년 이후 50년 넘게 이러한 유책주의 입장을 유지하고 있다.

이혼을 원하는 이유가 선배 부인이 말했던 '자유'이거나, 영화감독이 말하는 '사랑'이라면 명절 선물로는 이혼을 막을 수 없을 것 같다. 자유와 사랑은 인류 역사가 쌓아올린 가치 중 항상 1, 2위를 다투는 것들이다. 자유와 사랑 앞에선 목숨도 아깝지 않다.

그리스 신화는 자유와 사랑에 대한 갈망을 운명적으로 묘사한다. 프로메테우스는 신의 아들이다. 그의 이름은 앞날을 미리 내다보는 자라는 뜻이다. 그는 장차 자신이 어떤 형벌을 받을지 미리 알았지만, 자유를 위해 불을 훔쳐 인간에게 전해 주고 만다.

제우스의 사랑을 받은 여인들은 하나같이 죄가 없다. 신의 왕인 제우스의 강력한 힘과 온갖 속임수를 이겨낼 수 있는 인간은 없다. 그럼에도 불구하고, 헤라는 그 불쌍한 여인들과 자식들을 괴롭힌다.

자유와 사랑은 인간이 벗어날 수 없는 운명이지만, 그 운명을 어쩔 수 없이 받아들인 결과도 그렇게 행복해 보이지 않는다. 여하튼, 자유와 사랑을 갈망하는 인간 앞에서 결혼제도가 얼마나 버틸 수 있을지 두고 볼 일이다.

황혼이혼의 경우에는 재산분할 문제도 크다. 30년 이상 결혼생활을 한 경우에는 부인이 한 가사노동만으로도 재산분할비율이 상당히 높다. 특별한 사정이 없는 한, 재산형성에 약 50퍼센트의 기여도를 인정받을 수 있다는 변호사의 인터뷰도 있었다.

아내와 함께했던
시간들

너무 행복했다. 이래서 수많은 영화와 노래가 사랑을 이야기하는구
나 공감하고 통감하고 절감했다. 몇 벌 되지도 않는 옷을 입었다 벗었
다 했다. 머리에 무스를 발라 힘을 꽉 줬다가 날라리처럼 보일까 봐 다
시 내렸다. 춥지만 라인을 살리려고 얇은 옷을 입었다. 흰색 양말은 당
시 모범답안이었다. 항상 약속시간 30분 전에 도착했다. 숨어 있다가
놀래주기 위해선 주변을 미리 봐둬야 했기 때문이다. 100미터 앞에 그
녀가 보인다. 그때부터 헤어질 때까지의 시간은 마치 도둑맞은 것처럼
빨리 사라졌다.

　헤어진 뒤, 공중전화박스에서 몇 시간을 통화했다. "통화 좀 짧게
합시다!" 뒤에서 폭동이 일어나기 직전에 전화를 끊었다. 전화박스에

서 나오자마자 다시 줄을 섰다. 그녀의 생일은 국경일보다 숭고했다. 크리스마스는 그녀가 태어난 날이었다. 그녀는 나의 여신이었다. 무슨 일이 있어도 나는 죽을 때까지 그녀에게 사랑을 바치리라 맹세하고 또 맹세했다.

결혼식 사회를 본 친구 녀석이 신부를 업고 앉았다 일어나기를 시켰다. 앉으면서 "죽을 때까지", 일어나면서 "사랑해"를 외쳤다. 힘든지 몰랐다. 마냥 즐거웠다. 한시라도 빨리 그녀를 안고 싶었다. 눈치가 있는 건지 없는 건지 친구들은 피로연에서 계속 술을 마셔댔다. 자기들이 나를 업어 키웠단다. 나 혼자 신혼여행을 보내자니 발걸음이 안 떨어진단다. 손에 술값을 쥐어 주고 나서야 풀려날 수 있었다. 비행기에서 이렇게 약속했다. 매년 해외여행 가자고.

진통을 시작한 지 12시간이 넘었다. 초산이라 힘들 줄 알았지만 이 정도일 줄이야. 산부인과 의사는 천하태평이고 아내는 죽기 직전이다. 다급한 마음에 수술하자고 언성을 높였다. 두 사람 모두 손사래를 쳤다. 또 몇 시간이 지났는지 모른다. 아기 울음소리가 들렸다. 딸이었다. 손가락과 발가락이 모두 있었다. 나도 아내도 같이 울었다. 몇 해 터울을 두고 둘째와 막내가 차례차례 우리에게 왔다.

남편이 힘들게 벌어 온 돈이라며 아내는 십 원짜리 하나 허투루 쓰지 않았다. 백화점에서 옷을 산다는 건 상상도 못했다. 쥐꼬리만한 월급을 이리저리 모으더니 고래등 같은 집을 샀다. 채 20평도 안 되는 낡은 단독주택이었지만, 우리에겐 그렇게 보였다. 아이들도 방이 생겼다며 좋아했다. 아내는 매일 쓸고 닦았다.

아이들 영어교육이 매번 마음에 걸렸다. 남들 다 한다는 기러기 아빠라도 해야 하나 갈등이 심했다. 아내는 단호하게 반대했다. 아이들 입에 영어를 물려주기보단, 가슴에 가족과 함께했던 추억을 남겨주자고 했다. 여러 가지를 생각한 끝에 한 말이었으리라. 무엇보다 나를 배려하는 마음이 반짝였다. 고맙고 미안했다.

나이가 들면서 야근과 술자리가 잦아졌고, 주말엔 쓰러져 자기 바빴다. 밤에 분위기라도 잡아볼까 하면, 가족끼리는 그러는 거 아니라고 했다. 중년 부부는 사랑이 아니라 의리로 산다는 광고를 보면서 씁쓸하게 웃었다. 만일 우리에게 사랑이 남아 있다면 그건 동지애요, 전우애라고 했다. 하긴 전쟁터 같은 세상에서 우리 둘은 산전수전 모두 겪었다. 동지요, 전우 맞다.

나의 여신은 이제 손발이 저리고 무릎이 아프다. 계단을 하나씩 내려오는 모습을 보니 만감이 교차했다. 은퇴하면 잘 해줘야지 했다가도 이내 자신이 없어졌다.

그러던 어느 날, 그녀가 깊은 눈으로 나를 보며 이렇게 말했다.

"이제 좀 자유롭게 살고 싶어…"

그 사람 입장도
이해돼

아이 셋을 낳고 나니 얼굴도 몸매도 엉망이 됐다. 백화점표 옷 한 벌 필요할 일이 왜 없겠나. 그런데 그거 사는 것도 눈치가 보인다. 반으로 잘린 화장품 튜브가 놓인 거울. 그 안에 있는 얼굴은 누구의 것일까. 설마 내 얼굴은 아니겠지. 그렇다면 내 얼굴은 어디 가야 볼 수 있을까. 나는 누구일까.

우울하다. 왜 사는지 모르겠다. 미치기 일보 직전에 정신과에 갔다. 갱년기 부인들에게 흔히 있는 우울증이고, 별일 아니라면서 의사가 살짝 웃었다. "자기 일 아니라고 참 쉽게 말씀하시네." 하마터면 이 말을 내뱉을 뻔했다. 별일인지 아닌지는 내가 결정해야지. 당신이 아픈 사람이야. 웃긴 왜 웃어.

정형외과 의사가 차트 사진을 한참 본다. 무릎 안쪽 연골이 닳았 단다. 그동안 많이 아팠을 텐데 어떻게 참았냐고 묻는다. 그 말이 그렇 게 고마웠다. "삶이 참게 해 줍디다." 눈으로만 말했다. 속옷은 비벼 빨 아야 한다는 의무감에 너무 쭈그려 앉아 있었나 보다. 속옷이 무슨 대 수라고. 오십 년 넘게 썼으면 닳았겠고, 닳았으면 아픈 게 당연한 거지.

세 아이를 낳고서도 나는 이 집에서 외톨이였다. 이젠 침 발린 공 치사도 듣기 어렵다. 해야 할 일을 한 것뿐이다. 제사와 명절은 왜 이렇 게 자주 오는지. 그렇게 중요한 일이면 이젠 당신들이 좀 하시지. 나는 부엌에서 일하는데 제사는 남자들끼리 후딱 해버린다. 뭐 대단한 일 했다고 이젠 밥상 차려오라신다. 《82년생 김지영》을 보니 이럴 때 속 시원한 헛소리도 잘 나오던데. 그것도 아무나 못 하나 보다. 지영이보 다 15살 많은 언니 내공으로 그냥 내가 참아야지. 말해 무슨 소용, 괜 히 집안만 시끄럽지. 이번 설날도 그렇게 넘어갔다.

일이 많은 건지 바람이 난 건지 남편은 허구한 날 술이다. 은퇴 후 엔 돈하고 살 건지 계속 돈 돈 거린다. 집 안에 혼자 우두커니 남겨지는 날들이 계속 늘어만 간다. 그러던 어느 날, 유튜브를 통해 우연히 어떤 분의 말씀을 듣게 되었다.

"사람이 사람 구실하려면, 자기 밥은 자기가 벌어서 먹어야 돼요. 남편이 가져다준 돈으로만 먹고살면 남편한테 종속될 수밖에 없어요.

지금 그렇게 남편 욕하고, 시어머니 욕하면서도 왜 그 집에서 못 나옵니까? 먹고살 자신이 없어서 그래요? 자꾸 자식들 핑계 대지 말고, 한번 잘 생각해 봐요. 어떻게 사는 게 내가 내 삶을 나답게 사는 건지. 지금 나이가 몇 살이라고 하셨어요? 아이고야, 50살 가까이 먹고도 내가 내 몸 하나 건사 못 한다, 그러면 남편 집에서 못 나와요. 누굴 원망할 입장이 못 돼요. 자유니 뭐니 말할 자격이 없어요. 참을만하면 그냥 사세요. 그런데 정말 이대론 더 이상 못 살겠다, 이러면 일을 해야 돼요. 자기 일을 가져야 돼요. 그게 당연하지 않아요?"

한 대 얻어맞은 것 같았다. 종속, 자격, 나답다, 자유, 자기 일이란 단어들이 방 안을 가득 채웠다. 지금 나에게 딱 필요한 말이었다. 얼굴이 벌겋게 달아올랐다. 부끄럽기도 하고 어떤 열정도 느껴졌다. 가슴이 뛰었다. 맞아요! 선생님 말씀이 백번 옳아요! 그래, 일을 찾아야 해!

사회는 나를 경단녀라고 불렀다. 대학 나오고, 직장생활 잘 하다가, 결혼해서 이 사회의 구성원을 셋이나 낳고, 기르고, 교육까지 다 끝내고 돌아오니, 경력이 단절된 중년 여성이란 꼬리표가 붙어 있었다.

취업센터에 전화와 인터넷으로 수없이 문의하고 찾아봤지만, 내 나이에 할 수 있는 일은 거의 없었다. 간혹 보이는 일자리는 내 몸이 견딜 수 없을 것 같았는데, 그나마도 경쟁이 치열했다. 한 70번쯤 떨어졌다. 지나가는 말로 남편에게 말했더니, 몇 푼 번다고 그 고생이냐 그만두고 자기만 믿으라고 화를 낸다. 믿으라면서 왜 화를 내는지 모르겠다. 그래서 더 못 믿겠다.

　이젠 누구에게도 얽매이고 싶지 않다. 나를 찾고 싶다. 내가 스스로 나의 삶을 책임지고, 누리고 싶다. 혼자 일어설 수 있는 사람이 다른 사람과의 관계도 건강하게 유지할 수 있는 법이다. 이인삼각 경기의 묶인 다리를 풀어야 한다. 이젠 둘이 따로 걸어야 한다. 같은 곳을 볼지, 다른 곳을 볼지는 그다음 문제다. 아니, 그동안 나는 이인삼각 경기도 하지 않고 남편 등에 업혀 있었는지도 모른다. 두렵지만, 이제 내려와야 한다. 늦었다는 때가 가장 이른 때라고 하지 않던가. 누구 말대로 오늘은 내 인생에서 가장 젊은 날이다.

혼자라는
운명

플라톤은 《향연》에서 인간이 사랑하는 사람과 하나로 합쳐지길 원하는 이유를 신화를 통해 설명한다. 그 신화의 내용은 이렇다. 인간은 원래 한 쌍으로 남자-남자, 남자-여자, 여자-여자 이렇게 세 종류가 있었단다. 이들은 모두 힘이 세고, 지혜롭고, 빨랐다. 결국 이들은 신들마저 공격했다. 제우스는 오랜 생각 끝에 인간들이 더 이상 기어오르지 못하도록 벌을 내린다.

"지금 나는 인간을 두 쪽으로 나눌 것이다. 그렇게 되면 인간은 지금보다 약해질 뿐만 아니라 그 수가 두 배로 늘어난다. 그러면 우리에게 더 많은 제물을 바칠 수 있게 될 것이다."

우리는 원래 완전하고 신에 버금가는 능력자였다. 그런데 신이 인간을 반으로 쪼개버렸다. 사랑이란 갈라져 헤어진 내 반쪽을 찾고 싶은 인간의 욕구라는 것이 플라톤의 설명이다.

이 이야기가 사실이라면, 결혼은 미친 짓이다. 사랑하는 사람과 떨어져 살라고 한 것은 우리의 죗값을 치루기 위한 신의 명령 아닌가. 신의 명령을 어기고 그 오랜 시간 함께 살았으니 결혼생활에 이런저런 문제가 그칠 수 없었던 건 아닐까.

플라톤은 말을 이어나간다. 무엇이든지 척척 만들어내는 신 '헤파이스토스'가 인간들의 감동적인 사랑을 굽어보고 이렇게 말한다고 가정해 보란다. "인간들아, 너희들이 서로에게 진정으로 원하는 것이 무엇이냐? 너희는 정말 밤에도 낮에도 서로 떨어지지 않고 함께하는 것을 원하느냐? 살아서도 하나의 삶, 죽어서도 하나의 죽음으로 남길 원하느냐? 이것을 너희가 진심으로 원한다면, 내가 너희를 녹여 하나로 만들어 주리라. 그 후, 너희가 여전히 만족하겠는지 살펴보아라."

《향연》에서 이 말을 꺼낸 사람은 헤파이스토스의 제의를 거절할 사람은 아무도 없다고 장담한다. 사랑하는 사람과 영원히 하나로 결합되는 기쁨을 누가 포기하겠느냐는 것이 주장의 근거다. 어떤가? 당신은 헤파이스토스의 제안을 받아들이겠는가? 지금 옆에 배우자가 있다면, 나중에 대답해도 좋다.

만약 우리가 헤파이스토스의 제안을 선뜻 받아들일 수 없다면, 그건 제우스 눈치 때문만은 아닐 것이다. 지금까지 살아오면서 우리는 인간이 왜 혼자일 수밖에 없는지 뼈저리게 체험했다.

인간은 자기 몸을 가졌다. 몸은 인간이 각자 살아갈 수밖에 없다는 현실이다. 태어날 때부터 우리는 분리를 겪었다. 분리는 내 몸을 갖기 위한 고통이었다. 엄마를 아무리 사랑해도 그 몸에서 분리되지 않으면 나는 존재할 수 없다. 아무리 사랑하는 연인도 먹는 입은 각자 따로 있다. 내 입으로 들어가야 음식 맛을 알고, 내가 에너지를 공급받아야 사랑도 하는 것이다. 아무리 사랑해도 간지러우면 자기 다리를 긁어야지, 남 다리 긁으면 혼난다.

사춘기 때 우리가 질풍노도의 시절을 보낸 이유는 독립된 나의 몸에 걸맞는 독립된 나의 정신을 갖고 싶었기 때문이다. 그러나 여러 여건상 그럴 수 없었다. 몸은 다 컸지만, 여전히 부모님 없이는 살아갈 수 없는 게 현실이다. 그 상황에서 내가 독립된 정신을 가진 인격체라는 것을 증명하는 길은 부모님 말씀에 저항하는 것뿐이었다. 사사건건 나는 내가 되고 싶었다. 몸도 마음도 말이다.

청춘은 몸과 정신의 독립운동이 성숙해져가는 시기다. 나의 독립에 관한 한 우린 모두 훌륭한 독립투사들이다. 독립된 나로서 수년을 살다가 사랑을 만난다. 결혼은 독립투사로 치열하게 살아 온 청춘 남녀가 만난 것이다.

그런데 우리는 결혼생활에서만큼은 왜 그토록 한 몸을 강조해 왔을까? 검은 머리가 파뿌리 되도록 왜 꼭 같이 살아야 한다는 의무감을 느낄까? 그런 의무에서 해방되고자 하는 바람이 생기면, 왜 동시에 죄책감이 들까? 이혼하거나 졸혼한 사람들을 뭔가 문제가 있는 것처럼 보는 이유는 무엇일까?

이제 구체적으로 나에게 물어보자. 나는 왜 그 사람이 나와 여생을 계속해야 한다고 생각하는가? 왜 백년해로가 나와 그 사람의 의무라고 생각하는가? 왜 나는 그렇게 살아야만, 나도 그 사람도 행복하다고 믿는가?

"밥 해 주고 빨래해 줄 사람이 없으면 내가 불편하니까!"라고 누군가 말한다면, 그 관계는 이미 우리가 신성시하는 결혼 관계는 아니다.

너희들은
정말 형편없구나

영화 〈땡스 포 쉐어링〉은 섹스 중독자들의 연대와 치유 과정을 보여준다. 다른 중독자를 위해 멘토 역할까지 훌륭하게 해내고 있는 A, 5년째 수도승처럼 살면서 이제 완치를 눈앞에 둔 B, 여자 상사의 치마 속을 몰래 촬영하다가 해고된 C 등은 익명의 중독자 모임에서 만났다.

익명의 중독자 모임에서는 일정 기간 동안 중독행위를 하지 않고 잘 버티면 "제정신으로 돌아와서 감사"라며 칭찬한다. 그 증표로 기념메달도 준다. 이들은 자위행위와 혼외정사에서 탈출하자고 함께 외친다.

이 모임에는 많은 규칙이 존재한다. 이 규칙은 자기통제를 위한 수단이다. 규칙적으로 자기 증상을 기록하고, 위험 상황에서는 멘토에게 연락해 조언을 받아야 하며, 잘 돌아 왔다는 귀가 보고도 해야 한다.

제정신-미친 정신, 규칙-위반, 사실-거짓, 믿음-배신, 건강-질병 등의 이분법이 이들을 지탱해 주는 정신적 도구들이다.

훌륭한 멘토인 A의 아들은 마약 중독자다. 아들은 형기를 마치고 8개월 동안 일을 하면서 마약을 하지 않았다고 A에게 말한다. 그러나 그는 아들을 믿지 않는다. A는 많은 중독자들에게 도움을 주는 뛰어난 멘토다. 다른 중독자들의 말을 진심으로 경청한다. 효과적인 조언과 함께 경제적 도움도 아끼지 않는다. 그러나 A는 아들에게만은 전혀 딴 사람이 된다. 대화를 전혀 하지 않는다. 아들을 불신하며 무시한다.

수도승처럼 사는 B는 거의 완치 직전인 치료 5년 만에 사랑에 빠지고 만다. 중독자라고 공개해야 하는 규칙을 어기고 차일피일 미루다가 결국 그녀와 섹스를 하고 만다. 우연한 기회에 섹스 중독자라는 걸 들켰고, 헤어지게 된다. 헤어지는 과정에서 B는 5년 동안 잘 참아 왔던 성 중독 행위를 충동적으로 반복한다.

아직 중독자 모임에 잘 적응하지 못하고 있는 C는 의사다. 환자, 동료 의사, 지하철 승객 등을 가리지 않고 성적 대상으로 삼는다. 집에는 포르노와 몰래 찍은 불법 비디오가 수두룩하다. 모임에 가서는 잘 버티고 있다고 말하지만 모두 거짓말이다.

그러나 정작 이들을 다시 살아가게 만드는 힘은 규칙을 어긴 사실을 말해도 괜찮은 누군가가 있다는 사실이다. 아무리 큰 규칙을 위반했더라도 그 사람이 나를 이해해 줄 것이라는 믿음, 그것이 진정한 인간적 유대감이라고 영화는 말한다. 인간의 하나 됨, 연대의식, 유대감은 꼭 결혼이 아니라도 가능하다. 사람과 사람이 만나는 데 가장 큰 걸림돌은 이런 거다.

"나는 규칙을 잘 지키고 있는데 그걸 위반하다니, 너희들은 정말 형편없구나."

결혼은 오래 참기 시합이 아니다

이혼이나 졸혼은 사별과는 다른 묘한 죄책감과 수치심을 동반한다. 아직 우리는 결혼을 둘러싼 막강한 이분법을 인정하고 있기 때문이다. 이러한 이분법은 결혼을 하나님이 주신 성스러운 제도로 보는 기독교적 관점이 뒤를 봐주고 있다. 이러한 결혼의 성격을 잘 표현한 루소의 《신 엘로이즈》 중 한 부분을 소개한다.

"성경 말씀에 그토록 생생하게 표현된 결혼의 순결과 존엄과 신성함, 인류의 행복과 질서와 평화와 지속을 위해 몹시 중요하고, 또 바로 그 자체로서 완수할 때도 몹시 즐거운 결혼의 순결하고 숭고한 의무, 이 모든 것이 너무도 강한 인상을 주어서 나는 내적으로 돌연한 혁신이 이루어진 것 같은 생각이 들었습니다."

결혼이 하나님께서 인간에게 주신 선물인 이상, 결혼은 성스러움, 순결, 존엄, 신성, 행복, 질서, 인간다움, 정상적인 삶과 끈끈하게 연결되어 있다. 우리는 그동안 그렇게 배웠다. 오죽하면 죽음이 우리를 갈라놓을 때까지 그 어떤 것도 우리의 사랑을 갈라놓을 수 없다고 결혼 서약을 했겠는가.

그렇다면, 결혼을 깨는 행동은 무엇과 연결될까? 결혼이 배우자뿐만 아니라, 동시에 하나님과의 약속이기도 하기 때문에, 결혼을 깨는 존재는 악마가 분명하다. 악마는 죄, 불결함, 타락, 불행, 지옥, 무질서, 짐승, 비정상적인 삶과 자동 연결된다.

이런 상황에서 배우자가 자유와 사랑을 주장하면서 이혼을 요구한다면 다른 쪽은 이렇게 말할 수 있는 유리한 위치에 서게 된다. "비겁한 변명 따위로 하나님께서 인간에게 부여한 신성한 결혼을 능멸하지 말라." 결혼생활을 파탄으로 이끈 책임 있는 배우자가 먼저 이혼을 요구할 수 없다는 대법원의 논리도 이러한 윤리적, 사회적 기득권에 근거한 것이다.

루소는 자연으로 돌아가라고 했다. 그에게 자연은 두 가지 의미가 있다.

첫째, 자연은 지금의 인간 사회가 틀렸음을 까발리는 기준이다.

그렇다면 인간 사회는 왜 틀렸나? 자연 상태의 인간은 각자 달라도 너무 다른 존재들이다. 그런데 인간 사회는 이렇게 다른 사람들을 똑같은 기준으로 평가하고 판단한다. 다른 것을 같은 것으로 보는 인간 사회와 제도는 그 출발점부터 틀렸다.

둘째, 자연은 인간이 돌아가야 하는 나의 고유성이다. 인간 사회는 질서를 유지한다는 명분으로 그 사람만의 고유성을 감추게 만든다. 사회적인 내가 본래적인 자신이라고 스스로 위장하게 만든다. 사회적 제도와 규범은 몇몇 소수의 의견에 불과할 수도 있다. 그런데 사회는 우리 모두가 이미 제도와 규범에 동의했다면서, 약속을 지키라고 강요한다. 이것이 인간들이 사회에서 살면서 불행한 이유다. 루소는 '인간의 제도 아래에서 모든 것은 광기이고 모순'이라고까지 표현한다.

"사람들이 어디까지 서로 다른지 당신은 알고 계신 겁니까? 얼마나 사람들의 성격이 상반되는지, 또 풍습, 선입견이 시대, 장소, 연령에 따라 얼마나 달라지는지 알고 계신 겁니까?"라고 루소는 우리에게 묻는다.

배우자가 이혼이나 졸혼을 요구했을 때, 그 사람에게 억울한 누명을 씌우지 않길 바란다. 사람마다 다 다른 감정, 다 다른 생각, 다 다른 기질과 취미가 있는데, 그 사람은 나와 수십 년을 함께 살아왔다. 이것이야말로 신의 축복이며 기적이다. 나란 사람을 알면 알수록 배우자에 대한 고마움은 커진다.

배우자에게 이런 충격적인 말을 들은 경우, 처음에는 배신감에 치가 떨리고, 죽도록 미울 수도 있을 것이다. 나도 그럴 것 같다. 나라고 뾰족한 다른 방법이 있어서 이런 말을 하는 건 아니다. 그렇지만 절대 잊어선 안 될 것이 있다.

수많은 편견과 억측을 무릅쓰고 자신의 마음을 밝힌 그 사람이 바로 나와 한평생을 같이 살아 준 고마운 사람이란 사실 말이다. 그 사람이 다시 출발할 수 있는 힘은 주지 못할망정, 죄인처럼 몰아세우면 안 된다. 배우자가 나와 헤어지기를 고민한다면, 그 고민의 근본적인 원인 제공자는 같이 살았던 나일 가능성이 제일 크다. 그런데 나는 전혀 책임 없다며 싹 돌아서서 사회적 편견에 호소하는 건 반칙 아닌가.

도대체 나는 왜 이 사람과 백년해로하길 원하는지 분명하게 다시 자신에게 물어봐야 한다. 말이 쉽지, 이런 상황이 실제 발생하면 마음은 천국과 지옥을 오간다. 모순되는 생각들과 감정들이 정신없이 나타났다 사라진다. 항상 그렇듯 인생엔 정답이 없다. 이럴 때 가장 좋은 선택은 사람을 남기는 것이다. 사람을 남기라는 말은 이혼이던, 졸혼이던, 아니면 계속 같이 살던, 그 어떤 상황에서도 사람을 이용하지 말라는 뜻이다. 사람은 영혼이 있는 존재라, 자신을 이용하는 사람을 금방 알아챈다.

내가 누구인지, 나랑 같이 살아온 그 사람은 또 누구인지 깊이 생각해 보면, 감사하고 미안한 마음이 생기기 마련이다.

자기 영혼을 돌보기 위한 철학 노트

본성(本性)은 태어날 때부터(生) 우리 안에 있는 뿌리(本)같은 마음(心)이라는 뜻입니다. 독신과 결혼 중 어떤 삶의 형태가 인간의 본성일까요? 자유를 원하고 사랑을 바라는 게 인간의 본성일까요? 아니면 결혼생활과 가족관계 등 지켜야 할 도리를 지키는 것이 우리의 본성일까요?

1

본문에 나온 헤파이스토스의 제안, 즉 사랑하는 사람과 한 몸으로 살도록 만들어지는 것을 당신은 받아들이겠습니까? 받아들인다면 그 이유는 무엇인가요? 못 받아들이겠다면, 그 이유는 무엇인가요?

2

지금의 배우자와 백년해로하고 싶은가요?
그 이유를 구체적으로 적어 주시겠습니까?

3

배우자가 자신의 자유와 사랑을 위해 나와 헤어지길 원한다면, 어떤 기분과 생각이 들까요? 당신은 어떤 선택을 하겠습니까? 그 이유는 무엇입니까?

10장

안 아픈 데가
없어

아무래도 이상한
건강검진

"편안하게 누워 계시면 돼요." 절대 그럴 수가 없다. 가운만 하나 걸치고 낯선 사람 앞에 누워 있는데 마냥 편할 수만은 없지 않은가. 좁고 어두운 방에는 모니터만 깜빡거린다. 선생님께서는 이름과 생년월일을 확인한다. 이내 능숙한 솜씨로 가슴과 팔목 그리고 발목에 센서 집게를 물린다.

"긴장하지 마시고, 그냥 편안하게 계시면 금방 끝납니다." 과연 나는 긴장하지 않을 수 있을까? 모니터에 나의 오장육부가 뿌옇게 드러난다. 혹시 종양이라도 보일까 싶어 눈동자가 바쁘게 화면을 쫓는다. 과연 나는 그냥 편안하게 계실 수 있는가? 건강검진을 할 때마다 누워서 천장을 보며 질문한다. 건강하다는 것은 무엇일까? 정상범위 이내에 있는 혈당수치인가? 표준 이하의 체지방과 몸무게인가?

　　다른 검사. 또 처음 보는 사람과 어두운 방에서 단둘이 있다. 그가 시키는 대로 몸을 드러내고, 약물이 투여되고, 기계가 머리 위를 오고 간다. 그는 나를 보지 않는다. 그는 손목이 아픈지 압박붕대를 동여맨 채 마우스를 잡고 있다. 모니터만 본다. 그에게 나는 단순한 일의 대상일 뿐이다. 눈을 마주치는 법은 거의 없다. 사람이 아니라, 마치 기계가 된 기분이 든다. 이 부속에 이물질이 끼진 않았나, 저 부속이 망가지진 않았나 품질검사를 받는 느낌이다.

　　사실 오늘날의 병원은 거대한 공장처럼 운영된다. 환자는 모두 번호로 처리된다. 마치 상품관리와 같다. 조직검사라도 하려면, 잘 짜여진 공정에 맞춰 이 방 저 방을 전전해야 한다. 보호자란 이름으로 의사와 병원으로부터 환자를 보호할 수 있는 사람은 아무도 없다. 이름만 보호자지 의사와 병원이 하는 일이 어떻게 돌아가고 있는지 이해조차 못 한다. 그저 알겠다고 한다. 내가 알았다는 건, 다음 검사가 진행될 방 위치와 다음 진료비까지 미리 수납해야만 한다는 사실뿐이다. 병원이 내 몸에 또 무엇을 넣기로 결정하는지 알 수가 없다. 그렇게 중요하다고 믿어 왔던 신체에 관한 자기결정권은 흰 옷을 입은 전문성 앞에 맥도 못 춘다. 아무래도 이상한 건강검진이다.

건강은
숫자가 아니다

삶과 따로 떨어진 건강은 생각할 수 없다. 건강검진 결과 혈압, 체지방, 혈당수치 등이 모두 정상범위 내에 있는 사람이 불안해서 아무도 만날 수 없다면, 그의 삶을 건강하다고 할 수 있을까. 그 반대의 경우도 마찬가지다. 사람들에게 기쁨과 행복을 주는 일을 하는 사람이라도 몸에서 이런저런 병이 떠나지 않는다면 그를 건강하다고 할 수 없을 것이다.

사람을 신체와 정신으로 나누고, 신체 건강과 정신 건강을 개별 포장하는 것에 의아해하는 사람은 나뿐만이 아니다. 현대 의학은 사람을 더 이상 쪼갤 수 없을 때까지 쪼개고, 그것을 관찰하고, 관찰된 것들 사이의 관계를 논리적으로 추론한 다음, 비슷한 사례들과 비교해 문제되는 곳을 잘라버리거나, 약물로 치료한다. 이러한 과학적 의학이 인간과 삶과 생명을 제대로 이해하지 못하고 있다는 지적이 적지 않다.

서양 의학의 아버지라고 불리는 히포크라테스는 자연이 치료하고 의사는 보완할 뿐이라고 했다. 그는 과하거나 넘치는 모든 것은 자연의 섭리에 어긋나기에 치료하기 전에 그를 병들게 한 것들을 포기할 수 있는지 물어보라고도 했다. 병을 진단하고, 몸을 해부하기 전에 환자가 실제 어떻게 살고 있는지를 파악하는 것이 우선이라고 본 것이다.

미셸 푸코의 스승으로도 잘 알려진 조르주 캉길렘은 생리학과 병리학이 물리학에 물들어버렸다고 《정상과 병리》에 적었다. 물리학의 세례를 받은 의학이 인간을 숫자로 표현하면서 환자의 개성과 삶의 조건 등을 놓치고 있다고 비판한다. 캉길렘은 생명의 본질은 변화하는 환경과 싸우고 적응하는 그 자체라고 말한다. 따라서 그에게 질병은 비정상적 상황이 아니라, 이러한 적응과정에서 발생하는 자연스러운 생명 현상인 것이다.

이들은 모두, 건강이란 정상범위라고 하는 어떤 고정된 숫자가 아니라고 우리에게 말해 주고 있다.

치료할 수 없는
6가지 병

서양에 히포크라테스가 있다면 동양에는 편작(扁鵲)이 있다. 그는 사마천의 《사기》에 등장하는데, 신비한 약을 먹고 사람의 오장육부를 꿰뚫어 보는 투시력을 갖게 되었단다. 그만의 진단법과 침술 등으로 300년 가까이 치료 활동을 한 것으로 알려져 있다. 그런데 역사적 인물인지 소설의 주인공인지 모를 정도인 편작도 포기한 병이 있다. 그것도 6가지나 된다.

동양 의학의 신이라고 할 만한 그가 고칠 수 없다고 한 병은 과연 무엇일까?

첫째, 교만하고 방자하여 이치에 따르지 않는 경우(驕恣不論於

理, 一不治也) 둘째, 몸보다 돈을 중시하는 경우(輕身重財, 二不治也) 셋째, 먹고 입는 것을 조절하지 않는 경우(衣食不能適, 三不治也) 넷째, 음양과 장기가 안정되지 않는 경우(陰陽幷藏, 氣不定, 四不治也) 다섯째, 몸이 매우 약해져 약조차 먹을 수 없는 경우(形羸不能服藥, 五不治也) 여섯째, 무당을 믿고 의사를 믿지 않는 경우(信巫不信醫, 六不治也)가 그것이다.

자기 생각에 빠져 있는 사람은 편작도 고칠 수 없다. 몸보다 돈을 더 중요하게 생각하는 사람도, 원칙보다 편법을 좋아하는 사람도 그는 치료를 포기했다. 왜 고칠 수 없을까? 그런 생각들이 바로 그 사람 자체이기 때문이다. 따라서 그러한 생각을 문제 삼을 수 있는 건 오직 그 사람밖에 없다. 이렇게 사는 건 문제라고 생각하는 사람만이 이를 해결하기 위해 뭔가 시작할 수 있는 법이다.

자기 생각을 바꿀 수 있는 사람은 자기 자신밖에 없다. 생각이 바뀌면 습관이 바뀌고 몸이 바뀐다. 사람이 바뀌는 것이다. 따라서 삶 전체가 바뀐다. 삶과 사람이 세상을 향해 열리고 연결되는 것, 이게 바로 우리가 추구해야 할 건강이다. 이제 건강을 혈액과 세포와 배설물에서 뽑아낸 숫자에서 해방시켜야 한다.

안 아픈 데가
없　　어

몸을 바꾸는 비법

몸을 바꾸기 위해선 먼저 생각을 바꿔야 한다. 생각을 바꾸기 위해 가장 먼저 해야 할 일은 생각을 일단 멈추는 것이다. 우리는 이성과 논리를 강조하는 교육을 받았다. 끊임없이 생각하고 비교해서 객관적이고 정확한 결론에 이르라고 자신을 닦달해 왔다. 그렇지 않으면 최선을 다하지 않은 것처럼 느껴졌고, 결과가 나쁘면 그 이유를 최선을 다하지 못한 내 탓으로 돌렸다.

일단 관성에 따라 자동으로 오르내리는 논리의 엘리베이터에서 내려와야 한다. 지금 하고 있는 생각을 더 잘하려고 하지 말고 아예 하지 말아야 한다. 언어 이전에 있는 침묵이 모든 말의 뿌리이듯, 생각 이

전에 있는 텅 빈 의식이 모든 사고의 뿌리이다. 이 뿌리에 닿기 위해 내가 사용하는 방법은 명상이다.

명상이라고 하면 향을 피운 조용한 절에서 좌선하는 장면이 떠오른다. 이런 선입견들이 일상에서 가볍게 할 수 있는 명상을 가로막는다. 내가 말하는 명상은 일단 생각을 멈추고, 나의 감정과 몸 상태를 알아채는 짧은 시간을 의미한다. 여기에서는 호흡명상을 소개하고자 한다. 호흡명상은 방금 말한 생각 멈추기와 몸 알아채기에 적절하면서도 손쉬운 방법이기 때문이다.

의식을 강제로 멈추기란 어렵다. 눈을 감으면 다양한 이미지들이 계속 생각났다가 사라진다. 마치 초소형 불꽃놀이 같다. 이런 이미지들에게 마음을 빼앗기지 않으려고 하면 할수록 명상은 더 꼬인다. 차라리 이런 이미지들에게 주의를 뺏기지 않도록 도와줄 다른 것을 찾는 것이 낫다. 그게 바로 호흡이다. 의식의 여러 갈래를 호흡 하나로 가지런히 정리하는 것이다.

호흡명상은 호흡 확인에서 시작된다. 한번 숨을 들여 마셔 보자. 밖에 있던 공기가 코로 들어오는 그 순간, 바깥 공기는 이제 '숨'으로 바뀐다. 숨은 기도를 타고 넘어가 폐를 통해 온몸으로 퍼져 나간다. 코, 기관지, 허파, 배, 손과 발까지 숨을 따라 온몸 구석구석을 의식해 본다. 놓치지 말고 이 숨이 움직이는 통로를 따라 마음을 써 보자. 내 몸에 퍼지고 있는 것은 단순한 '산소'가 아니다. '생명력'이다. 숨은 밖에 있던 생명과 내 안에 있는 생명을 이어 주는 탯줄이다.

이제는 숨을 내쉬어 보자. 몸 구석구석에 있던 기운들이 숨을 타고 나온다. 의식은 들어올 때와는 거꾸로 날숨을 따라간다. 발과 손, 배, 허파, 기관지, 코 이런 식으로 계속 들숨과 날숨을 의식한다.

그러다 보면 어느덧 순서가 사라지고, 숨과 의식만 남는다. 더 진행되면 숨만 남는다. 이때 일어나는 몸의 변화, 느낌, 감정들을 자각해 보자. 나는 호흡명상을 5분 이내로 한다. 잘 되는 날은 5분만으로도 푹 자고 난 듯 몸이 가볍다.

또한 몸을 바꾸기 위해서 매일 하는 일은 걷기이다. 하루 한 시간 이상 걸은 지 10년이 넘었다. 이 습관 덕에 찌뿌둥했던 몸이 풀리고, 허리가 조금씩 튼튼해졌다.

가장 좋았던 것은 걷고 나면 막혔던 생각이 뚫린다는 점이다. 걸으면서 생각을 계속한 것도 아니다. 그냥 지나가는 풍경을 보고, 소리를 들었을 뿐이다. 그런데도 산책을 다녀오면 글이 잘 써지고, 고민했던 문제에 대한 새로운 해결책이 떠올랐다. 내가 빠져 있던 생각의 관성을 걷기가 깬 것이다.

하버드 의대가 걷기 효과를 측정하기 위해 1,000명의 남녀를 대상으로 연구한 결과가 보도된 적 있다. 연구 결과, 하루 20분 이상 주 5일을 걸으면 일주일에 한 번 운동한 사람보다 아픈 날이 43퍼센트 적었다고 한다. 아프더라도 그 기간이 더 짧았고 증상도 가벼웠다. 걷기가 면역력을 높이는 것이다. 걷기는 감각을 깨우고, 생각을 깨우며, 면역력까지 높여 준다.

안 아픈 데가
없   어

100세 철학자가 말하는
건강

100세 철학자로 유명하신 김형석 교수님. 교수님께서 가장 많이 받는 질문은 "건강은 어떻게 관리하셨나요?"라고 한다. 100세에도 현역 못지않은 많은 활동을 하시고 지금도 90분 강의 중 처음 30분 정도는 서서 하신다니, 남다른 건강 비법이 있는지 궁금할 수밖에 없다.

교수님께서는 50세 이후부터 꾸준히 수영을 하셨고 그 외 다른 운동을 하진 않으신단다. 많이 피곤한 날도 수영을 하고 나면 피곤이 한결 덜하다고 말씀하시면서 환히 웃으셨다.

웃음 뒤에 덧붙이신 말씀이 진짜 건강 비법처럼 느껴졌다. 건강을 위한 건강이 아니라, 일을 위한 건강이 중요하다고 하셨다. 왜 건강해야 하는지 분명한 삶의 목표가 있어야 한다는 말씀이다. 100세 철학자에겐 삶의 목적이 없는 건강은 이미 건강이 아니었다.

교수님께서 제자들과 만난 일화를 소개해 주셨다. 제자들도 이제 백발이 성성한 나이다. 제자 중 한 분이 학생 때 배운 걸 다 까먹었다고 하셨단다. 교수님께서는 "나는 대학 때 배웠던 것들이 아직도 기억나는데" 하셨고, 제자는 "그건 교수님 기억력이 좋으셔서 그렇지요" 이런 대화가 오갔단다. 잊을 수 없는 부분은 교수님의 다음 말씀이다.

"그건 기억력 문제가 아니야. 내가 대학에서 배운 건 모두 당시 내 삶의 문제와 연결되어 있었어. 내가 인생에서 해결하고 싶었던 문제에 대해 공부했던 셈이지. 삶에 대한 문제의식이 있었으니 잊어버릴 수 없었던 거야."

내 삶에 대한 문제의식! 내가 살아가면서 꼭 해결하고 싶은 우주와 인간에 대한 깊은 물음. 바로 이것이 교수님의 삶에 생명력을 불어넣는 원천이었다. 이러한 문제의식이 있을 때, 자기 삶의 의미와 가치가 또렷해지고, 이를 성취하기 위한 일이 만들어지고, 그 일을 하기 위한 건강이 더불어 찾아오는 건 아닐까.

은퇴 후, 어떤 일을 하느냐는 중요한 일이다. 그러나 그 일을 통해 내가 만날 사람들과 그 사람들과 나눌 인생의 의미가 더 중요하지 않을까. 그 사람들과 그 일을 위해 건강하고 싶다.

자기 영혼을 돌보기 위한 철학 노트

소크라테스가 '자기 영혼을 돌보라'고 했을 때, 돌본다에 해당하는 그리스어는 테라페이아(therapeia)입니다. 여기서 나온 말이 치료를 뜻하는 테라피(therapy)입니다.

소크라테스는 자기 영혼을 돌보는 방법으로 철학을 권했습니다. 자신의 삶을 비판적으로 돌아보고, 새롭게 생각하려는 과정이 바로 영혼의 건강유지 비법입니다.

1

정말 건강하다는 건 어떤 뜻인가요? 내가 생각하는 건강 기준이 있나요?

2

살아 있는 동안 꼭 해결하고 싶은 내 삶의 문제는 무엇인가요?
앞으로 이러한 문제의식을 갖고 살길 원한다면, 어떤 방법이 좋을까요?

3

나만의 건강관리 비법이 있나요?
그렇게 해서 얻은 건강한 몸으로 어떤 일을 하고 싶은가요?

11장

건망증이 주는
선물

나쁜 기억이
오래가는 이유

기억력이 좋은 편이었다. 특히 사람 얼굴은 기가 막히게 맞혔다. 행사 때마다 직장 상사들이 나를 찾아 물었다. "기둥 옆에 노란색 넥타이 매신 분이 누구시더라?" 이름, 나이, 출신 학교, 지금 사는 곳 등이 술술 나왔다. 회원수첩을 만들었기 때문일 수도 있다. 그러나 실제 얼굴은 나도 그날 처음 뵈었다. 흑백으로 인쇄된 반명함판 사진만 봤을 뿐이다.

요즘 기억력은 완전 꽝이다. 우산, 지갑, 열쇠는 내 것이 내 것이 아니다. 안경을 쓴 채 세수를 한 적도 있다. 녹차를 마시려고 티백을 종이컵에서 몇 번 올렸다 내렸다 하다가, 티백을 버려야 할지 종이컵을 버려야지 할지 망설인 적도 있다. 계단에서 오른발과 왼발을 내딛는 순서가 가끔 헷갈린다.

　대형 사건도 있었다. 높은 사람들끼리 점심을 먹는 모임이었다. 윗분께서 몇 달을 공들이셨다. 워낙 바쁜 사람들이다보니 시간 맞추기가 정말 어려웠다. 어찌어찌 날짜가 정해졌고 일을 챙겨 나갔다.

　사건은 모임 한 주를 앞두고 터졌다. 윗분께 다시 약속시간이나 확인시켜 드릴까 하는데, 애초 이 모임이 성사된 걸 보고했는지가 전혀 기억나질 않았다. 일단 비서실에 확인했다. 맙소사! 모임 날 윗분께선 미국에 계실 예정이란다. 모임을 보고했는지 기억이 없으니 난감할 뿐이었다.

　아내에게 건망증 이야기를 꺼냈더니, 아내는 진작 그랬단다. 행주와 칼은 냉동실에서 꽁꽁 언 채로 여러 번 꺼냈고, 빤 양말을 다시 빤 적도 있고, 이십 년 넘게 살아온 동네에서 잠시 길을 잃어버리기도 했단다. 그게 치매 어르신 봉사를 시작한 이유라고도 했다.

　봉사를 다녀온 날이면 아내는 이런저런 이야기를 한다. 몇 번 들은 같은 이야기를 또 들었단다. 남편이 때린 이야기, 집 나간 아들 이야기, 작은아버지가 훔쳐간 땅문서 이야기. 손님 접대한다며 계속 주신 물을 아내는 다 받아 마셨단다. 배에서 찰랑찰랑 물소리가 났다.

　이상하게 나쁜 기억이 더 오래간다. 과학자들은 그 이유를 이렇게 설명한다. 위험하고 나쁜 사건이 생존에 더 필요한 중요한 정보이기 때문에 오래 저장한다는 것이다. 뇌에서 기억을 담당하는 부분은 해마이다. 특히 편도체는 생존에 꼭 필요한 핵심 정보인 공포를 만든다.

원시시대부터 오늘에 이르기까지 인간을 죽음에 이르게하는 위험 요소는 주변에 많았다. 이러한 위험들을 공포로 기억하지 못했다면, 호모 사피엔스는 지금까지 존재하지 못했을 것이다.

나쁜 기억은 신체적인 위험뿐만 아니라, 자존심 실추와 같은 정서적인 위험도 포함된다. 생물학적 생존가능성이나 사회적 생존가능성이나 인간에게 중요하긴 마찬가지이기 때문이다. 뇌는 두 경우 모두를 공포 형태로 기억해 두어, 같은 실수를 되풀이하지 말라고 경고한다.

나쁜 기억이 갖고 있는 이러한 쓸모에도 불구하고 기억이 반복될 때마다 우리는 불안을 느낀다. 불안은 몸을 흥분시키고 합리적인 생각을 못 하도록 막는다. 오히려 이런 불안이 같은 실수를 반복할 위험을 높이기도 한다. 어떻게 하면 이런 나쁜 기억에서 벗어날 수 있을까.

건망증이
주는 선물

파리 관점과
웃음 코드

미국 버클리대학교의 오즐렘 에이덕 박사는 다음과 같은 실험을 했다. 그는 비교를 위해 참가자들을 A와 B로 나눴다. 두 집단 모두에게 인생 최악의 기억을 떠올리게 한 다음, A 집단에게는 당시 사건을 생생하게 떠올리라고 주문했고, B 집단에게는 자신을 벽에 붙은 '파리'라고 생각하게 한 후 그 사건을 기억하도록 했다.

그런 후 A와 B에 속한 사람들의 심장박동수, 혈압, 스트레스 수준 등을 측정했는데, 자신을 파리로 상상하고 기억을 떠올린 B 집단의 스트레스 정도가 현저히 낮았다. B 집단에 속했던 사람들 중에는 파리의 눈을 통해 좋은 교훈을 얻었다고 말하기도 했다.

이 실험이 주는 시사점은 자신이 한 실수를 다른 관점에서 본다면 상황을 객관적으로 파악할 수 있고, 이러한 객관화에 따라 스트레스도 낮아진다는 사실이다. 심리학에서는 이를 '거리두기'라고 부른다. 실제 심리치료사들은 트라우마나 우울증을 고칠 때 거리두기 방법을 사용한다.

나쁜 기억을 다스리는 또 하나의 방법은 '앵커링(anchoring)'이다. 앵커링은 배를 바다 한곳에 정박시키기 위해 닻을 내려놓는 걸 뜻한다. 여기서는 생각하기조차 싫은 나쁜 기억 속에 자신만의 웃음 코드를 심어놓는 것을 의미한다.

예컨대, 해고통지서를 주었던 팀장이 방귀를 뀌었다거나, 계약서를 던지던 갑질 거래처의 임원 입에서 갑자기 틀니가 빠지는 상상을 기억 속에 삽입하는 것이다. 그러면 방귀와 틀니가 나쁜 기억에 끼어들어 그 충격을 완화시키는 효과를 낸다.

이때 시각, 후각, 청각 등 다양한 감각을 활용하면 더 좋은 효과를 가져올 수 있다. 방귀 냄새가 정말 지독했다거나, 틀니가 딱딱 소리를 내면 웃음을 만드는 데 더 효과적이다.

'프루스트 효과'란 후각을 통해 잠재되어 있던 기억을 떠올리게 되는 현상을 말한다. 현대 소설에 큰 영향을 미친 프랑스 작가 마르셀 프루스트의 소설 《잃어버린 시간을 찾아서》에서 유래했다. 주인공은 홍차에 적신 마들렌 조각을 먹게 되는데, 그 향기를 맡는 순간 유년의 기억을 떠올리게 된다. 잃어버린 시간을 찾는 단초가 되는 것이다.

애니메이션 〈라따뚜이〉에도 프루스트 효과가 들어있다. 까다롭기로 악명 높은 음식 비평가는 생쥐 요리사가 만든 라따뚜이를 맛보곤 어릴 적 엄마가 만들어 준 추억 속으로 빠져든다. 라따뚜이는 우리나라로 치면 빈대떡 정도에 해당하는 흔하고 쉬운 음식인데도, 이 비평가가 생쥐 요리사의 음식을 극찬한 건 당연한 결과다.

프루스트 효과는 과학적 근거들에 의해 뒷받침되어 왔다. 알츠하이머 환자의 경우, 다른 감각보다 우선 후각을 상실하는 경우가 많다는 연구 결과가 있다. 또한 어떤 정보를 좋은 향기와 함께 제공하면, 그렇지 않은 경우보다 더 잘 기억한다는 실험 결과도 있다.

기억과 시간
그리고 나

우리는 과거에서 출발한 시간이 현재를 거쳐 미래를 향해 직선으로 흘러간다고 생각한다. 따라서 현재는 과거 사건이 쌓여 만들어진 것이다.

그러나 현재 시점에서 봤을 때 과거는 보이지 않는다. 현재 시점에서 우리는 기억을 통해 과거라고 생각되는 어떤 것을 떠올릴 뿐이다. 그러나 기억을 떠올리는 그 시점에 내가 어떤 기분을 가지고 있느냐에 따라 기억은 다르게 구성될 수 있다.

입사했을 때 처음 봤던 회사 건물에 대한 기억을 예로 들어 보자. 이 기억을 부장 승진했을 때 재생한 것과 퇴사할 때 재생한 것이 같을까, 다를까? 어떤 실험에서는 심지어 없었던 사건조차 우리가 필요하다면 있었던 사실로 만들어 기억했다고 한다.

미래를 예측하는 것도 상황은 비슷하다. 현재 시점에서 미래는 보이지 않는다. 보이지 않는 미래는 잠시 후 나타날 예정이긴 하지만, 지금 존재한다고 보긴 어렵다. 현재 존재하지 않는 미래를 있는 것처럼 구성하는 현재의 작업을 예측이라고 부른다. 예측을 할 때에도 기억과 마찬가지로 예측할 당시의 감정과 기분이 영향을 미친다.

결국 현재라는 순간은 지금의 감각과 해석을 기초로 기억과 예측을 만들어가는 과정인 셈이다.

문제는 다 아는 것처럼 상황이 계속 변한다는 사실이다. 현재는 계속 변하고 과거와 미래는 이렇게 변화 중인 현재 속에만 담겨 있다. 따라서 인간에게 시간은 안정적인 것이라기보다는 불안정하고 허무한 것으로 느껴진다.

하지만 우리에겐 몸이 있다. 몸은 감각을 가진다. 감각은 현재를 현재로서 느끼도록 몸을 자극한다. 몸은 그 자극들을 저장하고 필요에 맞게 재생한다. 순간마다 몸에 저장된 자극들은 인간의 기억능력과 추론능력에 의해 과거와 미래를 연결한다. 비로소 과거-현재-미래로 통합된 하나의 시간이 감각을 통해 몸에 저장되는 것이다.

달리 말해, 몸은 시간을 저장하고 현재를 중심으로 과거와 미래를 통합하면서 삶을 살아나간다. 바로 몸이 불안했던 시간을 안정시키는 것이다. 매순간 흘러가는 '지금-여기'는 몸을 통해 시간으로 구성되는데, 이때 시간을 구성하는 존재를 '주체'라고 한다.

주체는 현재를 기초로 과거와 미래를 하나로 묶는다. 살면서 끊임없이 우리에게 들어오는 감각 정보들을 계속 종합하고 분석하는 주체가 바로 '나'이다. 나는 이렇게 시간 속에서 감각을 종합하는 과정 속에 존재한다.

넉넉해짐에
따라 오는 변화

그렇다면 기억에 있어 가장 중요한 것은 현재를 살고 있는 나 자신이다. 내가 시간을 통합하는 주인공이기 때문이다. 우리는 통합된 시간을 통해 과거를 현재로 끌어올리고, 미래를 현재로 당겨온다.

아무것도 없는 어떤 공간에 우리가 붕 떠 있다고 상상해 보자. 나는 내가 여기 있다는 사실을 어떻게 알 수 있을까? 눈에 보이는 것도 없다. 귀에 들리는 것도 없다. 느껴지는 것도 물론 없다. 나는 있는가? 하이데거는 내가 여기 있다는 사실은 다른 것들이 내 주변에 있어야 비로소 알게 된다고 주장한다.

하이데거에 따르면, 인간은 '지금-여기'라는 구체적 상황에서 살 수밖에 없다. 현실의 구체적인 상황을 떠올려 보자. 구체적인 상황에서 내 주변에는 항상 무언가가 있다. 인간은 주변에 있는 그것들을 감각을 통해 알게 된다. 그 감각을 통해 비로소 나의 존재도 함께 깨닫는다. 자아와 세계가 내면에서 만나는 것이다.

문제는 현실의 구체적 상황이 잠시도 가만있지 않는다는 점이다. 커피를 한 잔 마시기 위해 카페에 들어가는 장면을 떠올려보자. 자세히 기록한다면 몇백 장 분량도 나올 것이다. 잠깐 해 보겠다.

'당기세요'가 적힌 유리문이 보인다. 겨울이라 손잡이를 그냥 잡지 않는다. 소매를 한 번 감싸 손잡이를 잡았다. '당기세요'라고 적혀 있지만, 밀어도 되지 않나 생각한다. 살짝 밀어 보니 열리지 않는다. 가벼운 짜증이 난다. 지시대로 당시 당긴다. 내 몸이 들어갈 공간만큼 문을 연다. 문이 다시 닫히는 속도에 맞춰 그 공간을 통과한다. 통과하면서 거의 동시에 빈자리를 찾는다. 조명이 눈에 들어오고, 음악이 들린다. 자리에 앉아 있는 많은 사람들이 필요한 만큼 시야에 들어온다.

시간으로 치면 한 10초쯤 될까? 그렇게 짧은 시간만 표현해도 문단이 엄청 길어진다. 사실 이것도 많이 놓친 것이다. 현실 속 공간은 우리를 결코 혼자 있도록 내버려두지 않는다. 그것이 바로 우리가 놓여 있는 세계다. 우리의 기억은 이 중에서 아주 극소량의 정보만 남겨둔 것이다. 그것도 현재의 기분과 감각에 따라 언제든지 조작될 수 있는 형태로 말이다.

문제는 여기서 그치지 않는다. 카페에 들어가는 상상을 아주 조금만 바꿔 보자. 카페에 친구와 함께 들어가는 것이다. 두 사람은 문을 여는 순간부터 같은 감각정보를 가질까 아니면 다른 감각정보를 갖게 될까? 문이 열리자마자 음악이 들려오는데 두 사람 모두 똑같이 반응할까? 아마 그렇지 않을 것이다. 카페에 이미 도착한 다른 친구가 기다리고 있다면 상황은 또 달라진다. 그 친구가 좀 늦을 것 같다고 연락이 온 경우엔 또 어떤가.

하이데거의 결론은 이렇다. 인간마다 다른 신체를 가진다. 따라서 모두 다른 감각정보를 생산한다. 감각정보가 다르므로 그들 각자의 시간은 다르다. 그 시간마다 구성되는 세계도 다르다. 인간은 각자 다른 신체를 가지고, 각자 다른 시간에서, 각자 다른 세계를 산다. 이것이 바로 한 개인이 갖는 자기 삶의 고유성이다. 즉, 나의 시작이다.

따라서 인간은 오직 자기만의 기억을 갖지만, 그 기억은 고정되어 있지 않다. 우리가 나이 들어 자꾸 뭔가를 잊어버리는 건 '현-존재', 즉 '지금-여기'에서 시간을 통합하는 내가 달라졌기 때문이다. 느려진 감각정보 처리와 유연하고 폭넓은 해석은 새로운 기억을 만들고, 다른 사람을 만든다. 몸이 변하고 경험이 달라짐에 따라 사실 나 자신이 달라지고 있는 것이다.

젊을 때는 '이것이 바로 나다'라는 이미지를 고집한다. 그러나 나이가 들면서, 나라는 생각이 유연하고 넓어진다. 왜냐하면 지금 여기를 느리지만 충실히 살기 때문이다.

지금 여기에 충실하게 되면, 과거에 분명 이런 모습이었다고 고집했던 나도, 미래에 이랬으면 좋을 텐데 희망했던 나도 동시에 넉넉해진다. 우리는 그동안 너무 바쁘게 살아온 탓에, 이런 넉넉함을 건망증이라고 부르고 있는지도 모른다. 자꾸 잊어버리는 것이 아니라, 고집할 것이 적어지는 것이다.

변화가 주는 이러한 긍정적인 의미를 무시하면 감정이 여기에 동조한다. 부정적인 감정은 지금 여기 있는 기억도 부정적으로 바꾼다. 나쁘게 변한 감정은 과거를 기억하거나 미래를 예측하는 데도 부정적인 영향을 미칠 수밖에 없다. 과거를 아름다운 것으로 조작해 병적으로 집착할 수도 있고, 미래를 더 불안한 것으로 예상하고 회피하거나 자신감을 잃게 될 수도 있다.

기억보다
지혜와 감각

정나라 사람이 해질녘에 신을 사러 시장에 갔다. 신발 장수 앞에 선 그가 주머니를 이리저리 뒤지더니 어쩔 줄 몰라 한다. "여보게! 내가 발 치수를 적어둔 종이를 깜빡 잊고 집에 두고 왔네. 잠시만 기다려 주게."

그가 종이를 찾아 들고 허겁지겁 시장으로 돌아왔지만, 신발 장수는 이미 가고 없었다. 이를 지켜본 사람이 물었다. "도대체 왜 신을 직접 신어 보지 않았소?" 머리를 긁적이며 그가 대답했다. "종이에 적어 둔 치수는 믿을 수 있어도 도무지 내 발은 믿을 수가 없었소."

뇌에 적어 둔 기억만 고집하면 건망증을 이길 수 없다. 기억은 못 박아 둔 게 아니다. 삶의 강 위에 떠다니는 나뭇잎 같다. 나뭇잎이야 물

속에 잠겼다가 다시 떠오르는 게 일이다. 하지만 잠겼다 떠오른 사이 강물도 나뭇잎도 이미 저만큼 떠내려갔다. 그러니까 흐르는 삶에서 믿어야 한 건 집에 두고 온 종이 같은 기억이 아니다. 가시밭 같은 삶을 걸어 온 지금의 내 발이다. 삶의 지혜와 감각이다.

현장에서 내 몸과 마음을 믿고 신을 신어 보자. 아프면 작다고 하고, 헐렁하면 크다고 하면 된다. 기억에 의존해 선택하지 말고, 몸이 알려 주는 대로 그냥 따르면 쉽다.

기억은 스트레스를 주지만, 몸은 현실감을 준다. 기억나지 않으면 몸을 움직여 다시 하자. 억지로 깜깜한 기억의 동굴을 헤매지 말자. 우리에겐 삶에 누적된 지혜와 몸이 그때마다 만들어 주는 감각이 있다.

자기 영혼을 돌보기 위한 철학 노트

하이데거는 우리가 어떤 상황에 '처해 있음'이 '지금'을 만든고 합니다. '처해 있음(Befindlichkeit)'이란 인간이 그때마다 다른 상황에서 겪게 되는 어떤 맥락 '안에(in)'있다는 의미입니다. 당신은 어떤 맥락 안에 있길 원하세요? 그러한 맥락을 만드는 건 누구일까요?

1

'거리두기'와 '앵커링'을 통해 이겨내고 싶은 나쁜 기억이 있나요?
어떤 기억인가요? 당신만의 웃음 코드는 무엇입니까?

2

지금-여기에서 느끼는 나의 감각과 기분에 따라 과거 기억과 미래 예측이
달라질 수 있다고 생각하나요? 만일 그렇게 생각한다면, 감각과 기분을
잘 조절하는 것이 중요합니다. 나의 감각과 기분에 영향을 미치는 것에는
어떤 것들이 있나요? 왜 그것들이 중요한가요?

3

나이가 들면서 자신이 점점 넉넉해지고 있다고 생각하나요, 아니면 반대로
더 깐깐하고 인색해지고 있다고 생각하나요? 그렇게 생각하는 이유는 뭘까요?
내가 원하는 방향으로 가려면 어떻게 하는 게 좋을까요?

12장

친구 장례식을
다녀와서

친구야,
네가 거기 왜 있니

아무리 우리가 죽음을 못 본 척해도, 죽음은 느닷없이 얼굴을 내민다. 특히 가까웠던 친구의 죽음은 이제 나의 죽음도 얼마 남지 않았다는 생각을 저절로 들게 한다.

영정 속 얼굴은 분명 그 친구 얼굴이다. 지난 주말 같이 등산했던 그 친구가 지금은 영정 속에 있다. 뭐가 좋은지 친구는 영정 속에서 웃는다. 웃는 친구 얼굴을 보면서, 영정 밖에 있는 나는 운다. 영정을 사이에 두고 두 친구는 울고 웃지만, 죽음은 아무 말도 없다.

어느 나라나 장례식은 죽음이 삶을 점령하지 못하도록 각별하게 신경 쓴다. 산 사람은 살아야 한다며 유족을 위로하고, 그들이 슬픔을

잊을 수 있도록 해야 한다며 시끌벅적 놀기도 한다. 술도 마시고, 고스톱도 친다. 흡사 축제 같다.

성경은 지혜로운 사람은 축제를 벌이는 곳보다 장례식장에 가길 좋아한다고 했는데, 장례식장에 와서도 우린 먹고 마신다. 하긴 우리의 마지막 모습을 맨 정신으로 본다는 건 쉽지 않은 일이다.

한편, 장례식은 고인의 삶을 평가하는 장이기도 하다. 뒷짐을 진채, 누가 조화를 보냈다 유심히 보는 사람들도 있다. 생전의 고인과 유족들의 사회적 영향력을 가늠하려는 듯 말이다. 조문객들의 숫자와 조의금의 총액 등 확인할 수 없는 소문이 산 사람들 입에서 오르내린다.

그러든지 말든지, 친구는 영정 밖으로 나올 생각이 없나보다. 거기서 계속 웃고 있다.

죽을 준비하세요

저녁을 먹던 중, 큰딸 아이가 침통한 낯빛을 한 채 무거운 목소리로
말을 건넸다.

"아빠… 죽을 준비하세요…"

그 순간 저녁을 함께 먹던 식구들은 모두 얼어붙었다. 낯설고 싸
늘한 기분이 식탁을 덮쳤다. 나와 아내는 어쩔 줄 몰라 했다. 껌뻑이는
눈만 서로 바라볼 뿐이다. 이내, 큰딸은 방긋 웃으며 농담을 마무리 지
었다.

"저는, 밥을 준비할게요!"

죽 준비와 밥 준비 사이는 불과 몇 초가 되지 않았다. 농담의 성격상 순발력 있게 시간을 끊어 주지 않으면 재미가 없다. 그러나 죽음이라는 말이 저녁 밥상으로 밀려나온 단 몇 초 동안 내가 느꼈던 충격은 상당했다. 크게 두 가지 생각이 오고 갔다.

우선 든 생각은 '죽을 준비하라'는 말은 자식이 부모에게 하면 상당히 괘씸하다는 윤리적 맥락이었다. 당시 큰딸은 초등학교 4학년이었고, 나는 이제 막 마흔 살이 된 청년 같은 아빠였다.

죽음은 고단한 하루 일과를 마치고 이제 막 가족들과 단란하게 식사를 시작한 시간에는 더더욱 할 수 없는 말이다. 세상에서 가장 위험한 단어를 하루 중 가장 달콤한 순간에 내뱉다니!

밥을 준비한다는 말이 조금만 늦게 나왔더라면 난 아이를 크게 혼낼 뻔했다. 잠시 당황하긴 했지만, 그 정도 농담은 익히 알고 있다는 듯 웃어넘겨 천만다행이었다. 그날 저녁이었던 국수는 이미 철사처럼 변해 있었다.

두 번째 생각났던 것은 나의 죽음 뒤 남겨질 가족들에 대한 걱정이었다. 하필 그날 나는 은퇴 후 빈곤이 심각하다는 신문기사를 무겁게 읽었다. 그런데 은퇴는 고사하고 40대 젊은 날에 내가 죽는다? 가족들이 얼마나 고생할지 그 짧은 순간에도 먹먹했다. 자기 노후조차 불안한 회사원이, 당장 초등학생 아이 셋을 남겨 두고 죽을 준비를 하기엔 너무 일렀다. 내 딸아 아빠가 죽어버리면 너희들은 어떻게 하니? 도대체 넌 아빠의 죽음이 얼마나 비참한 결과를 낳는지 알기나 하니? 무슨 생각으로 죽음을 입 밖으로 내뱉었니?

이렇듯 죽음은 일상에선 조심해야 할 단어다. 죽음은 모든 인간에게 생기는 가장 확실한 사건이지만, 우린 죽음이 아예 일어나지 않을 것처럼 산다. 우리의 대화는 죽음을 밀어낸다. 오직 사는 데에만 가치를 부여하고, 잘 살아보자고 서로를 응원한다. 죽음이 인생 전체를 장악하고 있음에도 불구하고, 우리는 늘 죽음을 못 본 체한다.

사람들은 내 죽음을
어떻게 취급할까

혹시 사람들이 나의 죽음을 어떻게 취급할까 궁금한 사람이 있다면, 톨스토이가 쓴 《이반 일리치의 죽음》이 참고가 될 수 있을 것 같다. 소설은 이반 일리치의 부고를 받아 본 직장 동료들의 시각에서 시작된다. 이반 일리치는 판사였는데, 평소 가까웠던 동료 판사들까지 그의 죽음이 자기들의 승진이나 전보 발령에 어떤 영향을 미칠까 계산하는데 바빴다. 그리고 그들은 어떤 안도감도 느낀다.

"동료의 사망 소식을 듣고 이들의 마음속에 떠오른 생각은 그로 인해 발생할 수밖에 없는 자리 이동과 보직 변경 등에 대한 것만은 아니었다. 아주 가까운 사람의 사망 소식을 들은 사람들이 누구나 그러듯이 그들도 죽은 게 자신이 아니라 바로 그라는 사실에 안도감을 느꼈다."

톨스토이 지음, 이강은 옮김, 《이반 일리치의 죽음》

심지어 이반 일리치와 가장 친했던 친구 뾰뜨르 이바노비치는 문상을 가는 것이 나을지, 카드놀이를 하러 가는 것이 나을지 한참 갈등한다. "마치 죽음은 이반 일리치에게만 일어난 특별한 사건일 뿐 자신과는 전혀 무관일 일이라는 듯이" 말이다.

이반 일리치의 죽음을 둘러싼 이해득실에 몰두하는 건 그의 가족들도 마찬가지다. 친구인 뾰뜨르 이바노비치가 이반 일리치의 미망인을 위로하자 그녀는 작은 방으로 그를 불러 궁금했던 것을 묻는다.

"그러자 그녀가 다시 입을 열어 이야기하면서 정작 그에게 하고 싶었던 말을 꺼냈다. 그것은 다름 아니라 남편이 사망한 경우에 국고에서 어떤 지원을 받을 수 있는가 하는 문제였다. 그녀는 연금 문제에 관해 뾰뜨르 이바노비치에게 조언을 구하는 척했다. 하지만 그녀는 이미 아주 세세한 부분까지, 심지어 그도 잘 모르는 것까지 훤히 꿰고 있는 것이 분명했다. 그녀는 이렇게 남편이 사망한 경우에 국고로부터 받아낼 수 있는 것이 무엇인지 다 알고 있었던 것이다. 다만 그녀는 어떻게 조금이라도 더 뜯어낼 수 있는 방안이 없는 것인지 알고 싶었을 뿐이다."

톨스토이 지음, 이강은 옮김, 《이반 일리치의 죽음》

약혼한 딸은 아버지의 죽음으로 인해 자신이 파혼을 당하진 않을까 걱정한다. 딸은 결혼을 서두른다. 다만, 아직 어린 막내아들과 충실한 하인 게라심만이 이반 일리치의 죽음을 진심으로 슬퍼할 뿐이었다. 그러나 이들의 진심마저 죽음 앞에선 쓸데없는 것이었다. 이반 일리치는 극심한 고통 속에서 혼자 죽어간다.

죽음을 향한 존재

하이데거는 인간을 '현-존재'라고 불렀다. 현-존재란 'Da-sein'의 번역이다. Da-sein의 'Da'는 '지금 여기'라는 뜻으로 인간 존재가 놓인 '이미 규정된 상황'을 뜻한다. 그가 보기에 인간은 항상, 이미, 어떤 상황에 던져진 존재다.

우리는 나른한 봄날인 4월 28일 오후 1시부터 창문이 없는 3층 회의실에서 영업실적 제고방안 회의를 하거나, 35도가 넘는 불볕더위에 놀이터에서 아파트 분양 전단지 500장을 들고 행인들을 만난다. 인간은 항상 딱 정해진 시간과 장소에서 어떤 기분을 느끼면서, 여러 가지 일로 삶에 찌든 다른 사람들과 다양한 물건들을 만나는 것이다.

그렇다면 인간에게 던져진 상황 중 가장 결정적인 사건은 무엇일까? 그것은 바로 죽음이다. 인간은 아무 이유 없이 태어나 아무 이유 없이 죽어간다. 한편, 인간은 태어남과 죽음 사이에서 늘 '지금 여기'의 상황에 놓인 채 살아간다. 지금 여기의 상황에 놓인 현-존재는 언제나 다른 사람들과 물건들에게 둘러싸여 있다. 그러면서 그들과 관계를 맺고 있다. 이러한 관계를 하이데거는 '마음씀'이라고 불렀다.

정리하자면, 하이데거가 이해한 인간은 아무 이유 없이 태어나 이 세상에 있는 것들에게 마음을 쓰다가 아무 이유 없이 그리고 반드시 죽는 존재다. 반드시 죽는 존재인 인간은 어떤 기분으로 세상과 관계를 맺게 될까? 하이데거는 인간의 근본 기분을 '불안'으로 보았다. 인간은 '죽음을 향한 존재'이기 때문에 자신이 사라져 가고 있다는 불안 속에서 세상과 관계를 맺을 수밖에 없다.

이러한 하이데거의 인간 이해에 따르면, 우리는 허무할 수밖에 없지 않은가? 이유도 없이 태어나 언제 죽을지 몰라 사는 동안 불안한 존재이니 말이다. 그러나 하이데거는 인간을 그렇게 보지 않았다. 그는 죽음이 오히려 인간을 실존적 존재로 만든다고 말한다. 실존적 존재란 지금 자신이 살아가고 있는 방식에 대해 질문을 던지는 삶의 태도를 말한다. 하이데거가 보기에 인간은 자신에게 이 질문을 항상 물을 수밖에 없는 처지다.

"나는 왜 사는가? 언젠가 반드시 죽는다면, 지금 이렇게 사는 것은 나의 본래적 삶인가?"

하이데거는 이러한 질문에 답할 수 있는 사람은 오직 자기 자신밖에 없다고 말한다. 왜냐하면 죽음은 오직 나의 죽음일 수밖에 없기 때문이다. 이반 일리치가 그랬던 것처럼 자기 인생 전체를 허무하게 만드는 것은 다른 사람의 죽음이 아니다. 우리가 이미 봤듯이, 다른 사람의 죽음은 오히려 나에게 이해득실을 따지는 또 다른 계기가 될 수도 있다.

나는 오직 나의 죽음을 통해서만 내 삶의 범위를 확정받는다. 세상 사람들은 마치 우리가 영원히 죽지 않을 것처럼 빈말을 떠들어대지만, 나의 진짜 모습은 죽음을 향한 존재였던 것이다. 영원하지 않은 삶, 반드시 끝이 있는 삶, 그 속에서 나는 지금 어떻게 살고 있는가? 죽음은 불안을 통해서 나에게 그 대답을 요청한다. 이 요청을 하이데거는 '양심의 부름'이라고 불렀다. 죽을 준비하라는 딸의 농담을 통해 내가 느꼈던 낯설고 싸늘한 기분은 바로 이러한 부름 때문이었는지 모른다.

죽음이 주는 근원적인 불안이 나를 흔들어 깨운다. 자기로서 살아라! 그렇다면 어떻게 살아야 하는가? 이 질문에 대해 하이데거는 아무런 지침도 주지 않는다. 죽음이 오직 나의 죽음이라면, 자기 죽음이 부르는 소리에 응답할 수 있는 사람 역시 자기 자신밖에 없기 때문이다.

그렇다면 이제 우리는 아무런 제한과 조건 없이, 그 누구의 조언이나 간섭 없이, 내 삶의 주인으로서 대답할 수 있다. 내 삶의 의미와 가치는 이것이라고 스스로 선언할 수 있다. 그 어떤 이념과 명분도 나를 막을 수 없다. 나는 내 삶의 목적을 스스로 선택하고 결정할 수 있는 자유를 누리게 되는 것이다. 이런 관점에서 죽음은 인간에게 실존적 자유를 준다고도 볼 수 있겠다.

카뮈는 인간에게 남은 단 하나의 철학적 질문이 있다면 그건 '자살'이라고 말했다. 당황스럽게 무서운 이 말은 앞서 말한 하이데거의 관점으로 설명될 수 있다. 하이데거는 죽음을 향해 가는 인간은 스스로 자기 삶에 대한 응답으로서 존재한다고 말했다. 내 삶에 대한 질문과 해답을 스스로 던지고 스스로 찾아가는 것이 바로 인간이라는 존재다. 그렇다면, 만일 내가 그러한 실존적 질문도 던지지 않고, 아무런 대답도 할 수 없다면 도대체 왜 사는가? 카뮈는 바로 이 점을 살벌한 단어로 강조하고 있는 것이다.

친구 장례식을
다 녀 와 서

죽음의 의미

에피쿠로스는 이렇게 말했다.

"그러므로 가장 끔찍한 불행인 죽음은 사실 우리에게 아무것도 아니다. 우리 자신이 존재하고 있는 한 죽음은 우리와 아무 상관없다. 하지만 죽음이 우리를 찾아왔을 때 우리는 이미 사라지고 없다. 따라서 우리가 살아 있든 이미 죽었든 죽음은 우리와 무관하다. 살아 있을 때는 죽음이 없고 죽었을 때는 우리가 없기 때문이다."

맞다. 죽음이라는 사건 자체는 마치 낙엽이 떨어지는 것처럼 우리를 어쩌지 못한다. 우리가 불안한 것은 죽음에 대한 나의 생각 때문이다. 불교에서는 이를 집착이라고 한다. 나의 죽음이 불안하다면, 나의 죽음으로 겪을 가족들의 삶이 걱정된다면, 그건 죽음 때문이 아니다. 죽고 싶지 않은 나의 집착, 가족과 계속 살고 싶은 욕심 때문이다. 어떤 사건 자체와 그 사건에 대한 나의 집착은 엄연히 다른 것이다.

하루에는 아침과 낮과 밤이 있다. 이 중 어느 하나만 계속된다면 결코 행복할 수 없을 것이다. 일 년 중에는 봄, 여름, 가을, 겨울이 있다. 이 중 어느 한 계절만 계속된다면 그 역시 권태롭고 재미없을 것이다. 마찬가지다. 인생에는 삶과 죽음이 있다. 만일 삶만 계속된다면 결코 행복할 수 없고, 오히려 권태롭고 재미없을 것이다. 독일 설화 중에 끈질긴 노력 끝에 영생을 얻은 마법사 할머니 이야기가 있다. 나중에 할머니는 제발 죽음이라는 선물을 다시 달라고 신에게 애원했다고 한다. 그 애원은 결코 빈말이 아니다.

프란치스코 교황은 가진 것을 퍼주기로 유명하다. 그러한 삶의 태도는 교황의 할머니 영향이 컸다고 한다. 교황이 어릴 때 할머니와 함께 장례식장에 간 적이 있다. 죽은 사람에게 입혀 보내는 수의를 보시면서 할머니께서 말씀을 하셨다.

"얘야, 수의에는 주머니가 없단다. 왜일까? 죽으면 모두 놓고 가야 하기 때문이지. 그러면 어떤 사람이 가장 똑똑한 사람일까? 그래, 죽기 전에 다 주고 가는 사람이지!"

자기 영혼을 돌보기 위한 철학 노트

영원히 사는 존재가 아니라, 죽어가는 존재인 인간이 계속해야 하는 질문 중 하나는 이것입니다.

'그럼에도 불구하고 왜 살아야 하는가?'

수많은 사람들이 살아야 할 이유를 그토록 찾아 헤매는 이유가 여기에 있습니다. 지금도 나는 '없어져 가는 중'이기 때문입니다. 자기 삶을 지탱해 줄 의미가 없다면 죽음이 끌어당기는 힘을 이길 재간이 없기 때문입니다.

1

일상에서 죽음을 자주 생각하나요? 죽음이란 말은 나에게
어떤 기분을 주나요? 왜 그런 기분이 들까요?

2

아내, 자녀, 친구, 직장 동료 등 다른 사람이 나의 죽음을 어떻게
생각할 것 같나요? 혹시 나는 다른 사람들의 죽음을 어떻게 취급해 왔나요?

3

인간은 죽음을 향한 존재라는 주장이 앞으로 내가 살아가는 데
어떤 영향을 줄 수 있을까요?

13장

딱 살기
싫더라구

직업란에
뭘 적지

은퇴하자마자 평소 꿈이었던 긴 해외여행을 다녀왔다. 여행은 즐거웠다. 기분 좋게 쇼핑도 했다. 귀국길에 세관 신고서를 작성해야 했다. 직업을 적는 칸이 있었다. 순간 당황스러웠다. 지난 30년 동안, 직업란에 뭐라고 적어야 할지 망설인 적이 단 한 번도 없었으니까. 나는 공무원이었다.

아들 결혼을 앞두고 목돈이 필요했다. 아파트 전셋값이 하늘 높은 줄 모르고 올랐다. 은퇴 후에는 '절대 자식들에게 얽매이지 않겠다', '무리하게 은행 대출을 받지 않겠다'라는 두 가지 원칙을 한꺼번에 깼다. 대출 담당 직원이 직업에 따라 이자율이 달라진다고 친절하게 설명해 준다. 자영업 준비 중이라고 대충 쓸 순 없었다. 빈칸이 누워도 될 만큼 커 보였다. 은퇴를 실감했다.

행정 서류의 직업란에 적을 것이 없을 때 은퇴를 실감했다는 경우가 많다. 공무원, 교사, 은행원, 회사원, 자영업 중 그 어느 것에도 해당하지 않을 때, 자기 자신이 한없이 작아졌다고 한다. 은퇴준비 안 하고 그동안 뭐 했나 싶었다. 하긴 회사에 충성, 부모님께 효도, 가족에게 사랑을 주다 보니 은퇴 준비할 시간이 어디 있긴 했나. 마음속 또 다른 내가 묻는다. 정말 시간이 없었냐고.

우리도 알고 있다. 시간이 없어 준비를 못 한 것이 아니다. 은퇴 이후 삶은 생각하기조차 싫었다. 회사원에게 은퇴는 암이나 죽음처럼 입 밖으로 내선 안 되는 금지어였다. 왜 그랬는지 모르겠지만, 차일피일 계속 미루고만 싶었다. 한편으로는 돈만 있으면 어떻게든 살겠지 자신을 달랬다. 아무리 그래도 은퇴는 분명히 올 수밖에 없는 현실이다. 빨간색 타이머가 '0'까지 빠르게 줄어들더니 결국 시한폭탄이 터져 버렸다.

개 경주

도박을 위해 벌이는 개 경주를 본 적이 있다. 개를 달리게 하려면 뭔가 필요하다. 경주에 참가하는 개들은 대부분 사냥개다. 사람들이 운동장 트랙 주위에 가짜 양을 매달아 놓는다. 경주는 사냥개들의 사냥 본능 때문에 벌어진다.

출발 신호와 함께 모터가 달린 가짜 양이 굉음을 내며 달린다. 사냥개들은 그것이 살아 있는 양인 줄 알고 광란의 질주를 벌인다. 개들은 말 그대로 미친 듯 뛴다. 검은 사냥개가 빨간 혀를 날름거리며 흰 양에게서 눈을 떼지 못한다. 본능을 자극하면 저런 일이 벌어진다.

얼마나 열심히 뛰는지 발톱에 피가 고이고 금세 빠진다. 이건 약과다. 어떤 놈은 앞발로 자기 뒷다리를 친다. 살점이 떨어져 나가고, 피가 다리를 타고 흐른다. 그래도 양은 포기할 수 없다.

경주가 끝나고 난 뒤, 1등을 차지한 개가 양 인형을 물고 마구 흔든다. 인형은 뜯기고 터져 솜뭉치가 삐져나온다. 이제 우승견도 안다. 이게 진짜 양이 아니라는 걸. 고개를 떨구고 땅에 털썩 주저앉아 뜨거운 발바닥을 핥는다. 발톱이 빠져라, 피가 나는 것도 모르고 뛰었는데 목표는 가짜였다.

이런 허무감을 호소하는 50대들이 많다. 왜 아니겠는가? 평생 충성했던 회사가 더 이상 나를 원하지 않는다. 행복하리라 믿었던 가정도 돈이 끊긴다는 불안 앞에 무너지고 있는 것 같다. 보너스, 승진, 감투는 나를 더 빨리 달리게 만들기 위한 경영전략이었다. '당신이 없으면 우리 집은 무너지지. 오늘도 파이팅!', '아빠 최고! 사랑해!' 가족들의 응원조차 내가 돈 벌 때나 들을 수 있는 빈말 아니었나 하는 생각마저 든다.

내가 경주용 개와 뭐가 다른가. 사실 아무도 내게 이런 눈치를 주지 않는다. 혼자서 천당과 지옥을 오간다.

불안은
양심이 부르는 소리

지금 내가 불안한 건 예전만큼 돈을 벌지 못하기 때문일까? 혹시 내가 불안한 건, 나답게 살지 못한 것에 대한 갈증 때문은 아닐까? 하이데거는 후자로 봤다. 그는 불안을 다르게 불렀다. 양심이 부르는 소리! 이것이 하이데거가 불안에게 붙인 새로운 이름이다.

하이데거가 말하는 양심은 세상 따라 살기에 급급한 나에 대한 정지 신호다. 그 신호가 어느 날 갑자기 불안하게 깜빡거린다. 내 자신이 경주용 사냥개와 다를 바 없다는 비참한 자존감도 정지 신호 중 하나다. 세상 사람 흉내로는 더 이상 내 인생을 속일 수 없다는 목소리, 그게 바로 양심이다.

하이데거의 양심의 소리는 헨리 데이비드 소로의 성찰과 일맥상통한다. 소로는 이렇게 말했다. "내면의 소리에 귀를 기울여라. 동료와 발을 맞춰 행진하지 않는 것은 다른 북소리를 들었기 때문이다. 어떤 박자건, 얼마나 멀리서 들려오건, 자신이 들은 음악에 발을 맞춰라."

삶의 속도는 모두 다르다. 다들 알고 있는 사실이다. 그러나 아무도 우리에게 다른 속도로 걸어도 괜찮다고 말해 주지 않았다. 오히려 조금이라도 천천히 걸으면 뒤떨어지고 있다고 눈치를 줬다. 남들 할 때 같이 하는 게 제일 좋다고 배웠다.

회사는 더 심했다. 1년 치 업무 속도가 정해져 있다. 1월부터 그 속도에 맞춰 걸어야 한다. 6월쯤 되면 예상보다 늦다며 뛰라고 한다. 10월쯤 되면 날아도 따라잡을 수 없게 된다. 12월 결산, 어김없이 회사의 속도에 맞추지 못한 걸 반성한다. 그 누구도 나만의 속도로 살지 못했다고 반성하진 않는다.

하이데거는 불안을 자기 자신으로 살아갈 수 있는 신호로 이해한다. 불안하지 않다면 우리는 이러한 가능성 자체를 알지 못했을 것이다. 평생 내가 아닌 그 사람으로 살았을 것이다.

여기서 하이데거는 자기로서 사는 것이 유리하다고 말하는 것이 아니다. 자기로서 사는 것이 더 훌륭하다고 평가하는 것도 아니다. 인간은 본래 자기 가능성으로 존재한다고 그는 말한다. 인간이라면 자기로서 살도록 생겨 먹은 것이다. 생긴 대로 살지 않으니까 불안한 거다. 맞지 않은 신발을 신었으니까 발에서 피가 나는 거다. 다른 사람 속도에 맞춰 뛰려니 항상 피곤할 수밖에 없다. 그래놓고 이제 와서 딱 살기 싫다니?

가자,
진짜 나만의 가능성으로

하이데거는 본래적 자기로 살려는 의지를 찾았다. 그동안 우리는 생계를 유지하고 좋은 평판을 얻을 수 있는 범위 내에서만 살았다. 우리에게 가능성이란 세상 사람들이 나를 좀 더 좋아해 주었으면 하는 수준이었다. 하이데거는 이렇게 사는 걸 비본래적 삶이라고 부른다.

하이데거에 따르면, 인간은 불안 속에서 들려오는 양심의 소리를 듣고 지금처럼 비본래적으로 살 것인지, 아니면 본래적인 삶을 살 것인지 선택의 기로 앞에 서 있다. 두 가지 가능성 모두 잘잘못을 따질 수 없다. 인간은 본래적이든 비본래적이든 그렇게 살아가는 존재일 뿐이다. 동시에 인간은 내가 선택한 것에 대해 책임을 지는 존재이기도 하다.

이쯤에서 이런 질문이 가능하다. "그럼 어떻게 사는 것이 본래적인 나로서 사는 겁니까? 도대체 어떻게 하라는 겁니까?" 이 질문에 대해 하이데거는 답하지 않는다. 오히려 그는 이렇게 답할 것 같다. "당신의 본래적 모습을 가장 잘 알고 있는 사람은 당신 자신 아닐까요? 모르겠다고요? 그럼 지금부터 어떻게 사는 것이 나다운 삶인지 자신에게 물어보세요."

진짜 나만의 가능성은 따로 있지 않다. 그 어떤 똑똑한 철학자도 당신에게 그걸 알려 줄 순 없다. 그 가능성을 발견하고 실현시킬 수 있는 유일한 사람은 당신 한 사람뿐이다.

하이데거가 말하는 자유는 바로 이것이다. 내가 살아가는 본래적 모습을 스스로 만들어 나가는 것! 그래서 그 모습까지 스스로 책임지는 것! 불안은 바로 이러한 자유의 출발 신호다.

나는
누구인가?

이 질문은 모든 인간이 죽을 때까지 가지고 가는 질문일 것이다. 장 폴 사르트르 역시 이 질문을 품고 살았다. 사르트르는 '나는 누구인 가?'라는 질문에 이렇게 두 가지로 대답했다.

첫째, 나란 내가 행동한 것들이다. 내가 실제로 하고 있는 실천, 내 몸을 움직여 만든 것들, 바로 그것이 나다. 내가 나라고 주장할 수 있는 건 이름이나 얼굴이 아니다. 오직 내가 한 것들이다.

둘째, 나란 내가 살면서 선택해 온 것들이다. 삶의 선택은 그 누구 도 아닌 내가 했다. 그렇다면 그 선택의 책임은 누구에게 있는가? 바로 나에게 있다.

결론적으로 사르트르는 내가 선택하고 그 선택에 따라 내가 행동한 것, 그것이 바로 나라고 규정한다.

여기서 중요한 건, 사르트르의 말이 맞다 틀렸다가 아니다. 우리는 지금 학력고사 국민윤리 객관식 문제를 풀고 있는 게 아니다. 은퇴를 앞두고 또는 이미 은퇴를 한 후, 더 이상 내 삶을 지탱하고 싶지 않았을 때 사르트르와 함께 술 한잔 하고 있다고 생각해 보자.

"딱 살기 싫더라고. 내가 누군지 모르겠어." 내가 술잔을 거칠게 식탁에 올린 후, 혼잣말처럼 중얼거렸다. 잠시 후, 사르트르가 이렇게 말했다.

"이보게, 자기 자신이 누군지 모르겠다고? 내가 알려주지. 자네는 살면서 어떤 행동을 해 왔나? 그 행동을 하기 위해 어떤 선택을 해 왔나? 그게 바로 자기 자신일세."

나는 사르트르의 말이 거창한 말장난이 아니라고 생각한다. 내가 살면서 선택하고 행동한 것, 그것이 바로 나라는 것에 동의한다. 하이데거와 사르트르는 같은 말을 하고 있는 셈이다. 삶이란 내가 나를 만들어 나가는 과정이다. 나는 내 이름으로 등기된 부동산의 총합이 아니다. 내가 선택한 것, 내가 행동한 것. 그것이 지금의 나다.

이제 고도는
그만 기다리자

에스트라공(이하 '고고')과 블라디미르(이하 '디디')는 고도라는 이름의 어떤 사람을 기다린다. 고도는 끝내 오지 않는다. 고도가 내일 온다는 소식을 알려 주기 위해 달려온 양치기 소년은 늘씬하게 두들겨 맞는다. 고고와 디디가 한두 번 속은 것이 아니기 때문이다.

오지 않는 고도에 대한 궁금증은 계속된다. 고도는 과연 실존 인물일까? 그가 내일은 정말 올까? 그러나 무대엔 고고와 디디, 즉 고도가 누군지 모르는 사람들의 기다림만이 가득하다.

고도는 과연 존재하는가? 단 한 번도 등장하지 않는 고도는 작품 전체를 지배한다. 눈에 보이지 않는 어떤 사람이 눈에 보이는 사람들의 삶 전부에 침투해 있다. 누군가 존재한다는 건 어떤 의미일까? 설령 그가 없더라도 다른 사람들을 지배한다면 오히려 그가 실존하는 사람이 아닐까? 한 번도 등장하지 않지만, 그가 누군가의 희망이 된다면 그는 이미 주인공이 아닐까?

진정한 나를 기다리고 있는가? 아니면 세상 사람들이 진정한 나를 찾아야 한다고 하니까, 나도 그냥 한번 따라 해 보는 것인가? 앞서 말한 하이데거와 사르트르에 따르면 두 가지 활동은 금세 구별된다. 단순히 기다리라고 하니까 기다리는 사람은 그렇게 선택하고 그렇게 행동한 만큼만 자기 자신이다.

진정한 나를 기다리는 사람은 단순히 기다리는 것으로 자신을 속이지 않는다. 자신의 기다림을 이미 내 앞에 와 있는 가족, 친구, 동료, 이웃들 속에서 실천한다. 그들 속에서 나의 삶의 에너지를 발휘한다. 그들과의 관계 속에서 이미 누군가가 되어 있는 것이다.

진정한 나를 기다린다면서, 내 앞에 이미 와 있는 사람들에게 눈길조차 주고 있지 않은 사람은 진짜 고도가 와도 그를 알아볼 수 없다. 설령 그를 알아본다 하더라도, 그와 아무것도 할 수 없다. 그저 그가 명령하기만을 또다시 기다릴 것이다.

딱 살기 싫은 당신, 혹시 동방에서 올 귀인을 기다리고 있는가? 혹시 그 귀인의 얼굴이 당신 얼굴과 많이 닮지 않았는가? 미안하다,

그건 개꿈이다. 지금 여기에서 이미 당신은 누군가가 되어 있다. 앞으로도 나답게 선택하고 실천하면서, 누군가에게 무엇이 되길 응원한다.

자기 영혼을 돌보기 위한 철학 노트

하이데거에 따르면 인간은 자기 자신의 존재 가능성을 다음 두 가지에서 선택할 수 있습니다. 하나는 자기 자신이 아닌 다른 것에서 선택하는 것이고, 다른 하나는 자기 자신인 것에서 선택하는 것입니다. 그가 말한 '양심'이란, 이러한 선택 상황에서 자신의 존재 가능성을 자기 자신에게서 찾으라는 '목소리'입니다.

1

나는 어떤 경우에 딱 살기 싫어지나요?
그때의 상황과 감정을 되도록 솔직하게 적을 수 있나요?

2

그동안 살면서 나는 어떤 선택과 활동을 해 왔나요? 그 선택과 활동은
은퇴 후에도 여전히 의미 있는 건가요? 그렇다면 또는 그렇지 않다면
그 이유는 무엇인가요?

3

나는 누구에게 어떤 사람이길 바라나요? 그런 사람이 되려면 가장 먼저
무엇을 선택해야 할까요?

14장

병원에서
항우울제를 주더라

은퇴불안은
우울증?

은퇴를 앞둔 선배 한 분이 이런 질문을 했다. "요즘 불안해서 그런
지 통 입맛도 없고 잠도 안 와. 어제 큰맘 먹고 정신과에 다녀왔어. 내
가 체크한 진단표를 쭉 보더니 의사가 대뜸 우울증이라고 하더라고.
얼마나 놀랬는지 몰라. 항우울제를 처방해 주던데, 이걸 먹으면 괜찮
아질까?"

손에 '망치'를 든 사람은 모든 걸 '못'으로 본다는 말이 있다. 자기
가 가진 해결책이 망치밖에 없다면, 모든 문제를 못으로 보고 싶은 마
음도 이해 못 할 바는 아니다. 그러나 못으로 보였던 문제가 실상 유리
잔이었다면 일을 아예 망쳐 버린다. 내 손에 들린 해결방법보다는 문

제 자체를 자세히 보는 것이 먼저다.

안타깝게 망치와 못이라는 기계적 관계는 현대 정신의학에서도 흔히 볼 수 있다. 의학은 기본적으로 질병을 다룬다. 정신의학은 마음의 질병을 다룬다. 마음이 우울하거나 불안하면 이것도 질병이 된다. 질병은 수술이나 약이 망치다. 따라서 불안도 질병이니 수술이나 약을 먹으면 해결할 수 있다고 믿게 된다.

최근 우울증이 급증하고 있다고 한다. 건강보험심사평가원에 따르면, 2019년 우울증으로 진료를 받은 환자는 2014년보다 28퍼센트 증가한 75만 1,930명에 달했다. 우울증 환자가 가장 많은 연령대는 60대(13만 3,712명), 50대(12만 9,255명), 70대(12만 1,193명) 순이었다.

이렇게 우울증이 크게 늘어나는 이유는 무엇일까? 정말 우리가 사는 곳이 지옥 같은 헬조선이기 때문일까? 혹시 우울증 진단이 너무 쉽게 내려지는 건 아닐까?

앞에서 말한 선배 사례처럼 우울증 진단은 자신이 체크한 진단표에 의존한다. 진단표는 보통 6가지 항목으로 구성되는데 이 중 두 가지 이상에 해당하면 우울증으로 진단하게 된다. 6가지 항목은 ① 불면 또는 과다 수면 ② 식욕부진 또는 폭식 ③ 활력 저하 또는 피로감 ④ 자존감 저하 ⑤ 집중력 감소 또는 의사결정 곤란 ⑥ 절망감 등이다.

그렇다면 이러한 6가지 항목은 어떻게 정해진 걸까? 이것은 정신질환에 대한 미국 표준진단체계, 즉 DSM-5(The Diagnostic and Statistical Manual of Mental Disorders Fifth Edition)에 따른 것이다. 이 기준은 정신과 의사들에겐 성경 같은 힘을 갖는다고 한다.

그러나 은퇴를 앞두고 불안을 느낀 사람이 식욕이 없고 잠이 안 오고 자존감이 떨어지는 건 자연스러운 일 아닐까? 그러나 이 자연스러운 현상이 위 체크리스트에 따르면 이미 우울증 판정을 받는다. 두 개 이상에 해당하기 때문이다. 옛날에는 동성애도 정신질환이었다. 동성애가 질병이 아니라고 인정받기까지 20년이 걸렸다. 정신과 의사들은 그동안 많은 동성애자들을 정신병자라고 낙인찍었다. 은퇴를 앞두고 불안해서 정신과에 갔다가 잘못하면 우울증 환자가 될 수 있는 상황이다.

'스티그마 효과'라는 게 있다. 한 번 나쁜 사람으로 낙인이 찍히면 실제로 점점 더 나쁜 행태를 보이게 된다는 뜻이다. 스티그마 효과에 따르면 정신질환으로 진단된 은퇴불안은 점점 더 나빠질 수 있다.

정신병리학이 말하는
불안

정신병리학은 불안을 이렇게 설명한다. '확실히 일어나지도 않은 일에 대해 어떻게 대처해야 할지 몰라 막연히 두려워하는 감정.' 불안에는 어떤 대상이나 이유가 없다.

정신병리학은 특히 신체 현상을 중요하게 여긴다. 불안을 자율신경 시스템의 고장으로 보는 것이다. 가슴 뜀, 발한, 호흡곤란, 어지럼증 등이 그 대표적 증상들이다. 이런 증상들이 갑작스럽게 생기면 덜컥 겁이 나서 아무것도 할 수 없는 경우도 있는데, 이를 공황발작이라고 한다.

일반 환자들이 불안과 신체 증상을 연결해 이해하기란 쉽지 않다. 따라서 환자들은 불안보다는 신체 증상에 마음을 뺏긴다. 가슴 뜀,

호흡곤란, 소화불량, 두통, 가슴 통증, 식은땀, 떨림, 어지럼증 등 때문에 불편하고 불안하다는 것이다. 그러나 그러한 증상을 만드는 불안은 그대로 둔 채, 그때마다 발생하는 신체 증상 해결에만 연연한다면 근본적인 치유를 할 수 없다.

불안에 대한 이해가 중요한 이유는 이에 따라 해결방법도 달라지기 때문이다. 불안을 위에서 설명한 것처럼 밖으로 드러나는 증상과 행동에 주목해 이해한다면, 치료방법도 신체 증상을 중심으로 찾을 가능성이 높다. 그러나 불안의 근본 원인이 환자의 마음 깊숙한 곳에 자리 잡고 있는 경우, 밖으로 드러난 증상과 행동에만 집중하는 것은 남의 다리를 긁는 격이다.

불안을 잘 해결하기 위해서는 환자가 갖는 고유성을 파악하는 것이 시급하다. 이것을 파악하는 가장 좋은 방법은 환자 말을 잘 듣는 것이다. 말에는 사생활이 담겨 있다. 그가 뭘 좋아하고, 뭘 싫어하는지 알 수 있다. 말을 통해 환자가 갖는 가치관과 의사결정과정까지 살펴볼 수 있다.

환자 수가 많아지고, 손쉬운 약물치료를 선호할 경우 환자 이야기를 주의 깊게 듣기란 쉽지 않다. 더군다나 약을 먹고 신체 증상까지 어느 정도 완화된 것으로 보인다면, 환자 이야기를 경청하라는 말은 그저 하면 좋고, 안 해도 그만인 것이 되고 만다.

부작용을 호소하는
사람들

의약품은 화학물질이다. 정밀한 임상 절차를 거쳤다 하더라도 어쨌든 화학물질이다. 약물이 우리 모두에게 안전하다고 장담하긴 어렵다.

불안 때문에 정신과 약을 먹었거나 먹고 있는 사람들을 여럿 안다. 많은 사람들이 졸리고 축 처진다고 힘들어했다. 몽롱함을 지나 거의 시체처럼 잔다고 하는 사람이 있는 반면, 졸리지만 깊은 잠은 못 잔다는 사람도 있다. 약을 먹기 이전보다 불안이 덜해진 것인지, 삶의 의욕이 떨어진 것인지 알 수 없다고도 했다. 눈동자가 자꾸 올라가 걷는 것조차 힘들다는 사람도 있었다. 당황스러운 건 없애려 했던 불안마저 더 심해지는 것이다.

미국은 2004년부터 젊은 연령대의 자살 위험을 높인다는 경고 문을 항우울제 용기에 의무적으로 넣고 있다. 부작용은 수면제도 마찬가지다. 불안해서 잠이 안 온다며 수면제를 잘못 복용하면 두통, 구토, 기억력 장애와 대인기피증, 심한 경우 자살 충동이 일어나기도 한다.

부작용의 원인에 대해선 다양한 대답이 가능하겠지만, 나는 과학이 인간을 이해하는 방식, 즉 과학적 인간관에 그 원인이 있다고 본다.

과학적 인간관은 크게 물리적 환원주의와 기능주의로 요약할 수 있다. 물리적 환원주의는 존재하는 모든 것을 물질로 바꿔서 설명하려는 태도이다. 아이들 장난감을 생각하면 쉽다. 똑같이 생긴 장난감 조각들을 설계도대로 연결하면 집도 되고 비행기도 된다. 무엇이 되었건 결국 최종 하위 부품으로 다시 분해할 수 있다.

물리적 환원주의는 퇴직으로 불안해하는 우리도 분해했다가 다시 조립될 수 있는 부품으로 본다. 불안이라는 잘못된 부품을 빼내고, 건강한 부품으로 다시 조립하면 문제가 해결되어야만 한다.

기능주의의 핵심은 인간의 정신이란 특별한 무엇이 아니라, 여러 가지 물질 요소들이 연결되어 만든 '기능'이라는 것이다. 예컨대 고통이라는 정신 상태는 인간에게만 있는 것이 아니다. 개의 두뇌처럼 인간과 다른 물질과 구조에서도 나타날 수 있다.

기억이나 계산 등을 할 수 있는 지능도 마찬가지다. 인간과 컴퓨터는 만들어진 재료가 다르지만 인간과 컴퓨터는 동일한 계산과 정보 처리를 할 수 있다.

계산기의 재료와 계산 기능 자체는 별개라는 것이 기능주의의 포인트다. 따라서 지능이라는 정신 기능을 반드시 인간의 뇌만 할 수 있는 것으로 생각할 이유가 없다. 인간의 정신은 정보처리 프로그램과 유사하다. 감각과 기억은 정신이라는 소프트웨어를 통해 정보가 되고, 뇌는 이를 처리하는 데 필요한 하드웨어가 되는 셈이다.

과학적 인간관에 따르면 인간만의 고유성이 사라진다. 인간다움을 구성한다고 믿었던 정신과 신체는 소프트웨어와 하드웨어로 환원된다. 정신은 그저 물질과 물질 사이에서 정보를 처리하기 위한 기능일 뿐이다.

반면, 철학적 인간관은 바로 이러한 인간적 고유성에 관심을 갖는다. 특히 현재 자신의 존재와 존재 방식에 질문을 제기하는 실존 철학은 이러한 질문 자체를 인간 그 자체와 결부해 이해한다. 나아가 인간인 그 사람 자신, 즉 나에게 주목한다.

불안이 자기 존재와 삶에 대한 문제와 연결돼 있다면, 과학적 인간관과 철학적 인간관 중 어느 것이 불안을 근본적으로 치유하는 데 도움을 줄 수 있을까?

약의 효과를 테스트하기 위한 임상실험을 예로 들어 보자. 임상실험은 병원에서 한다. 그러니 환자복을 입어야 한다. 알코올 냄새가 사납다. 여기저기 의사와 간호사가 약과 주사기를 들고 분주하게 왔다 갔다 한다. 아무리 임상실험이라곤 하지만 평범한 일상과는 판이하게 다르다. 이미 스트레스 상황인 셈이다.

이런 스트레스 상황에 몰린 뇌와 일상을 보내고 있는 뇌를 과연 '동일한' 뇌라고 할 수 있을까? 간호사가 꽂은 주사기로 빨려 들어가고 있는 피와 퇴직 때문에 스트레스를 받고 있는 사람의 혈관에 담긴 피를 '정말 똑같다'고 할 수 있을까? 실험실과 같은 통제된 공간은 우리가 살아가고 있는 '삶의 이야기'를 잃어버린 곳은 아닐까? fMRI로 찍은 뇌 활동의 변화는 '진정한 삶을 구성하는 그 무엇'을 놓치고 있지 않은가? 철학자들은 이런 질문들을 하는 것이다.

과학은 마음의 상태마저 어떤 호르몬이나 뇌 기능 이상이라고 생각한다. 예컨대 우울증은 뇌 속에 있는 세로토닌이라는 신경전달물질의 부족으로 설명된다. 그렇다면 우울증을 치료하려면 어떻게 해야 할까? 정답은 간단하다. 부족한 세로토닌을 채워주는 것이다. 주사나 알약을 통해서 말이다. 임상 결과에서 나타나고 있듯이 이러한 약물 처방은 근본적인 치유에 이르지 못한다.

철학상담이
뭐예요

이런 맥락에서 철학상담은 은퇴불안 해결을 위한 좋은 대안이 될 수 있다. 철학상담이라고 하니까 많은 분들이 철학관을 떠올리신다. 선배 중 몇몇이 자기 사주팔자 좀 봐달라고 해서 한참 웃었던 기억이 생생하다. 그만큼 아직 우리나라에선 철학상담이 생소한 분야다.

철학상담이란 인간에 대한 철학자들의 이야기를 통해 스스로 자기 삶을 천천히 살펴보도록 돕는 대화 과정이라고 할 수 있다. 이게 설명인지 수수께끼인지 감이 잘 잡히지 않을 것이다. 뭐든 철학이란 말이 들어가면 좀 어렵고 진부하게 느껴진다.

철학은 삶이 던지는 질문에 대한 그럴듯한 설명이다. 나는 누구인가, 세계는 왜 존재하는가, 인간 사이에 지켜야 할 도리란 무엇인가 등에 대해 철학자들은 논리적인 설명을 한다.

그렇다고 철학자들이 정답을 주는 건 아니다. 철학자들이라고 해서 인생 정답을 가지고 있을 리 없지 않은가. 다만, 그들은 자기들이 만족스러울 때까지 생각하고 또 생각한다. 그럴듯한 생각들을 논리적인 말과 글에 담았다. 답 없는 인생 문제를 인간의 말과 글에 담았으니 알 듯 모를 듯 이해가 쉽지 않을 수밖에 없다. 게다가 대부분의 철학자들은 자기만의 철학을 위해 거의 외계어 수준의 독창적인 개념을 만들기도 한다. 철학이 어렵게 느껴지는 이유 중 하나다.

그러나 철학상담은 어렵지 않다. 처음에는 어렵다기보다는 낯설게 느껴질 것이다. 처음 가는 길이니 잘 아는 사람과 같이 가면 마음이 한결 가벼울 수 있다. 따라서 철학상담사를 찾아가 전문적인 도움을 받는 것도 좋은 방법이다.

하지만 철학상담의 최종 목표는 자신의 가치를 스스로 발견하는 것이다. 이 세상에서 자신을 자신답게 가꿀 수 있는 유일한 사람은 바로 자기 자신이다. 결국 내가 해야 한다. 다른 사람의 도움을 받는 상담 단계를 지나, 철학을 통해 나의 존재에 대해 질문하고, 이를 통해 자기 발견과 자기 학습에까지 이른다면 최고 수준의 철학상담을 실천하고 있는 셈이다.

백문이 불여일견이라 했다. 철학상담이 뭔지 대략적으로나마 맛보기 위해 은퇴를 앞둔 어떤 선배와 나눈 대화를 소개한다.

선배: 이제 1년도 채 안 남았네. 뭘 해야 할지 모르겠어. 막내는 아직 어리고, 부모님과 집사람은 여기저기 아프고, 돈 들어갈 데는 천지인데, 어떻게 살아야 할지 막막하다. 밤에 잠도 안 오고, 영 밥맛도 없고. 치킨집이나 차릴까 봐. 아니면 대리운전을 할까.

나: 형님 마음이 완전 겨울이네. 꽁꽁 얼었어. 춥겠다.

선배: 맞아. 춥다. 떨려. 요즘은 손도 같이 떨더라. (웃음)

나: 나무 뿌리가 흔들리는데 가지가 어떻게 안 흔들릴 수 있겠어.

선배: 나무 뿌리라…

나: 형님 말씀에는 부모님 걱정, 형수님 걱정, 아이들 걱정들로 가득해. 그럼 형은 누가 걱정해 주지?

선배: (당황하면서) 내 걱정? 그거 반칙 아닌가… 다 내 책임인데, 내가 못나서 일찍 퇴사하는 걸 누가 날 걱정하겠어? 혼나지 않으면 다행이지.

나: 이 말을 부모님과 형수님이 들으면 어떤 기분이 들것 같아?

선배: (한숨과 침묵 후) 서운하겠지. 미안해할 것 같기도 하고. 그래도 내 책임은 내 책임이지.

나: 형님이 흔들리면, 형님하고 연결된 모든 사람들이 다 흔들려. 사실 우린 회사생활 내내 돈 걱정만 했잖아. 명퇴하면 고정적인 수

입은 없어도, 목돈은 좀 생기잖아. 당장 굶어 죽진 않은데도, 그냥 습관처럼 막연히 돈 걱정하는 거 아닐까? 형님 부모님은 아직 건강하신 편이고, 형수님도 직장에 다니시고, 아이들은 아무 걱정 없이 잘 크고 있는데. 가장으로서의 무한 책임이 무한 걱정을 무한 생산하는 듯. (웃음)

선배: 너랑 얘기하다 보니 기분이 좀 풀린다. 맞네. 내가 너무 혼자 짊어지고 있네. 아직 벌어지지도 않는 일까지 걱정 예습하고. (웃음)

나: 형님 이야기 듣다 보니, 소크라테스가 한 말이 생각났어.

선배: 그게 뭔데? 혹시 "너 자신을 알라!"는 아니지?

나: (웃음) "그대의 영혼을 돌보라!"

선배: (다소 의아하다며) 영혼이라… 내 영혼을 돌본다…

나: 형님 영혼은 누가 돌봐야 하겠어요? (웃음)

선배: 나? (웃음) 내가 돌봐야 하나? 하긴 나만큼 나를 아는 사람도 없지. 나만큼 나를 모르는 사람도 없지만.

나: 오호, 철학자 다 되셨네. 형님 생각에 완전 동감. 내 영혼을 돌보기 위해 가장 먼저 해야 하는 것은 나를 아는 거 아니겠어요. 그런데 정작 내가 나를 제일 모르더라고요. 결국 나를 알아가는 과정과 내 영혼을 돌보는 과정은 연결되어 있는 것 아닐까? 나를 생각해 보고, 내 삶을 생각해 보면서, 마음 날씨를 천천히 살피는 게 어떨까? 그래서 소크라테스가 이런 말도 했나 보다. "생각하지 않는 삶은 가치가 없다!"

나는 우선 선배의 불안을 인정했다. 은퇴를 앞둔 사람이 불안을 느끼는 건 당연하고 자연스러운 현상이다. 불안하지 않다고 너스레를 떠는 사람들이 속으론 더 불안한 경우가 많았다.

불안을 인정하는 것이 불안을 완화하기 위한 첫걸음이다. 불안을 인정한 사람에게 가장 필요한 건 공감과 위로다. 섣불리 충고하거나 판단해서는 안 된다. 선배는 공감과 위로를 받아야 할 사람이지, 문제의 책임을 느끼고 대책을 수립해야 할 담당자가 아니다. 그걸 자기 스스로 알도록 도울 필요가 있다.

그다음, 가족들이 선배를 위로하고 공감할 수 있다는 사실을 깨달도록 돕고 싶었다. 가족을 통해 선배가 얻을 수 있는 쉼과 회복을 미리 맛볼 수 있다면 불안해서 혼자 벌벌 떨지 않게 된다. 삶의 추운 겨울을 이겨내도록 하는 것 중 사람 체온만 한 게 없다.

마지막으로 불안의 원인을 스스로 깨달을 수 있도록 대화했다. 불안은 단순히 돈 때문에 생긴 것이 아니기 때문이다. 사실 은퇴 걱정 없던 젊은 시절에도 우리는 이런저런 불안을 겪었다. 물론 경제적인 불안도 있었지만, 그렇지 않은 경우도 많았다. 상사의 비윤리적 태도 때문에 회사의 앞날을 걱정했고, 국회의원이나 대통령 선거 결과를 놓고는 조국의 미래를 걱정했다. 마치 불안은 아무 이유 없이 우리 옆에 있다가, 삶의 매 순간마다 때는 바로 지금이다 고개를 드는 것 같았다.

은퇴불안의 경우에도 표면적인 경제적 이유 말고 다른 이유가 있을 수도 있을 것이다. 위로받지 못한 영혼이 은퇴불안의 원인이 될 수 있다는 생각은 소크라테스로부터 힌트를 얻었다. 수업 시간에 이 구절을 듣고 크게 공감하고, 위로를 받았던 기억이 난다. 그때의 공감과 위로를 나누고 싶었다.

이후, 선배는 '무조건 돈이 원인이다'라는 생각에 묶여 있던 자신을 발견했다. 그리고 돈이 불안의 근본적인 원인이 아니라고 말했다. 선배는 이런저런 책을 추천해달라고 했고 스스로 공부했다. 철학 개념에 대한 이론적 이해보다는, 자기 삶을 비춰보는 데 사용하는 걸 느낄 수 있었다. 철학을 통해 자기의 문제점을 스스로 발견했고, 나만의 삶을 떠올리면서 자신에게 질문한다.

"지금 여기에서 나는 괜찮게 살고 있나?"

자기 영혼을 돌보기 위한 철학 노트

철학상담의 가장 큰 특징은 자신의 삶을 스스로 돌아보게 만드는 데 있습니다. 나와 내 자신의 관계, 나와 다른 사람과의 관계 속에서 내가 어떻게 살고 있는지를 비판적으로 검토하게 돕습니다. 내가 어떻게 살고 있는가라는 질문은 곧 나의 존재에 대한 질문이기도 합니다. 나의 존재에 대한 질문은 삶 전체를 흔드는 중요한 질문이라고 생각합니다.

$$\boxed{1}$$

불안 때문에 병원에서 우울증 진단을 받은 적이 있는지요?
그때 기분은 어떠셨어요? 의사의 진단이 정확하다고 생각하시나요?
약물 복용 등 의학적 방법이 불안 해소에 얼마나 도움이 되었나요?
만약 도움이 되지 않았다면, 그 이유는 무엇일까요?

$$\boxed{2}$$

내가 나의 불안을 스스로 해결할 수 있다고 생각하시나요? 그렇게 생각한다면
그 이유는 무엇일까요? 반대로, 그렇지 않다고 생각한다면 그 이유는 무엇일까요?

$$\boxed{3}$$

지금 여기에서 나는 괜찮게 살고 있나요? 내 존재는 다른 존재들과 어떤 관계를
맺고 있나요? 이 물음은 불안과 어떤 관계를 갖고 있을까요?

15장

도대체
갈 데가 없어

도 대 체
갈 데가 없어

파고다공원은
가지 마세요

"**아**파트 베란다에서 보면 다들 바쁘더라고. 출근하는 회사원, 학교 가는 학생들, 물건 나르는 택배기사들. TV를 봐도 다들 어딘가에 소속되어 열심히 살더라. 나는 우리집 거실팀이야. 팀장은 TV, 동료는 리모컨 하나고."

선배는 은행에서 24년 근무했다. 얼마 전, 부지점장으로 퇴직했다. IMF 외환위기 때는 젊어서 그냥 넘어갔지만, 2008년 금융위기 때는 어쩔 수 없이 퇴직금 중간정산을 했다. 그 돈으로 아파트에 투자했다. 퇴직금과 아파트를 판 돈으로 뭘 할까 생각 중이다. 말 그대로 그냥 생각 중이다. 돈만 날리는 건 아닐까 불안해하면서.

2012년에 삼성생명 은퇴연구소가 은퇴자 3,826명을 대상으로 설문조사를 했다. 질문은 "여가 시간을 어떻게 보내세요?" 조사 결과, 은퇴남은 TV 시청을, 은퇴녀는 여전히 가사 노동을 가장 많이 하고 있는 것으로 나타났다.

60세 은퇴 후 30년을 더 산다면, 일과 시간을 하루 8시간만 잡아도 8만 7,600시간을 보내야 한다. 아무리 영화와 드라마가 넘쳐나도 그렇지 8만 7,600시간은 TV 앞에 있기엔 길어도 너무 긴 시간이다. 책을 쓰면 베스트셀러 작가가 될 수 있고, 공부를 하면 학파를 하나 이룰 수 있는 길고도 긴 시간이다.

선배는 안 되겠다 싶어 어디라도 가려고 집을 나왔단다. 송별회에서 후배들이 농담반 진담반 "부지점장님, 제발 파고다공원엔 가지 마세요. 뉴스 카메라에 잡히고 그러시면 안 돼요" 해서 같이 깔깔 웃었던 기억 때문일까. 이상하게 종로 쪽으로 가고 싶었단다. 가지 말라면 더 가고 싶은 게 사람이다.

장기 두시는 어르신들, 여전히 잠을 자고 있는 노숙자들이 보인다. 막걸리통과 소주병이 여기저기 취해 쓰러져 있다. 비둘기들이 땅에 떨어진 과자 부스러기를 열심히 쫀다.

따뜻한 햇볕이 할아버지와 노숙자 그리고 비둘기를 공평하게 비추는 나른한 오후. 알몸으로 태어나 옷 한 벌은 건졌다는 노랫말이 생각났다. 그렇다면 그 알량한 옷 한 벌마저 벗어 던진다면? 모든 사람들은 알몸이 되겠지. 알몸은 공평하다. 옷만 벗으면 할아버지도, 노숙자도, 나도 똑같다. 그렇다면, 나를 오직 나답게 만드는 건 뭘까?

나는 그 사람을
대신 살았다

회사원들은 혼자 있는 시간이 거의 없다. 옆에 늘 누군가 있다. 요즘에야 혼밥이니 혼술이니 하지만, 우리가 한창일 때는 혼자 뭔가를 먹는다는 것 자체가 이상한 시절이었다. 혼자 밥을 먹는 사람을 모자라도 한참 모자란 사람으로 취급했다. 혼자 있는 시간을 잠시도 허락하지 않는 빡빡한 시간표가 일상이었다. 내가 마당발이라는 사실을 은근 자랑하고 싶기도 했다.

호모 사피엔스 시절부터 지금까지 인간은 무리를 지어 산다. 무리는 혼자보다 강하다. 무리는 적을 공격하기에도 방어하기에도 혼자보다 훨씬 유리하다. 무리로부터 쫓겨나 혼자 산다는 건 언제 죽을지 모른다는 것과 다름없다. 살아남으려면 어떻게든 무리에 섞여 있어야만 하는 것이다. 많은 원시 사회에서 추방은 사형 다음으로 무서운 형벌이었다.

하이데거는 나와 함께 밥 먹고 술 마시는 세상 사람들을 '세인(das Man)'이라고 불렀다. 나와 세인은 다를 것이 없다. 세인은 나에게 어떤 해코지도 하지 않는다. 세인도 나와 비슷한 처지다. 최근 인기 있는 막장 드라마, 실검 1위에 오른 연예인 스캔들, 어제 9회 말 대역전극으로 끝난 프로야구 등으로 하루하루를 버티고 있을 뿐이다.

하이데거가 세인을 통해 말하고 싶은 것은 이것이다. 지금 내가 살고 있는 방식을 문제 삼지 않는 삶은 진정한 삶이 아니다! 내 발로 출근하고, 내 입으로 밥을 먹고, 내 눈으로 영화를 보더라도, 그건 내 삶이 아니라 세인의 삶일 수 있다. 내가 나로서 살고 있는가를 질문하지 않고, 그저 국민으로, 시민으로, 회사원으로, 아들로, 남편으로, 아빠로 산 건 세인의 삶일 뿐이다. 좋은 게 좋은 거 아니냐는 삶은 결국 다른 사람의 삶을 대신 산 것이다.

아까 그 선배는 파고다공원에 가서야 자기 알몸을 인정했다. 넥타이를 풀고, 신발과 양말 그리고 속옷까지 모두 벗고서야 내가 다른 사람들과 똑같이 세인으로 살았다는 걸 깨달았다. 지금 자신이 사는 방식 그 자체에 문제가 있다는 걸 느낀 것이다. 아파트와 자동차와 옷은 나를 나답게 해 줄 수 없었다. 또 뭘 해서 먹고 살아야 하나라는 질문은 나를 나답게 해 줄 수 없었다. 어디 갈 데 없나 이곳저곳 기웃거려 봐야 마찬가지다. 나를 나답게 해 주는 건 혼자 있는 시간을 어떻게 보내느냐에 달려 있다. 내 삶에 대해 묻고 생각할 수 있는 곳으로 규칙적으로 떠날 필요가 있다. 사람은 늘 그곳으로 가야 한다.

집을 떠나
매일 갈 수 있는 곳

나 역시 회사와 집 그 어디에도 혼자 있을 곳이 없었다. 사실 혼자 있을 생각 자체를 못했다. 회사에선 일 때문에 뛰어다녔고, 집에선 아이들과 놀아 주느라 뛰어다녔다. 평일엔 업무와 잦은 술자리 때문에 피곤했고, 주말 집에선 꼴랑 설거지와 청소 정도 하는 주제에 피곤했다. 피곤해 쓰러져 자니 굳이 혼자만의 공간이 필요하지 않았다. 내 코 고는 소리를 더 이상 참을 수 없어 가끔 아내는 조용히 거실로 나간다. 의식이 없긴 하지만, 내가 혼자 있는 시간은 그 정도뿐이었다.

욕심을 부려 옥탑방을 서재로 만들었다. 말이 서재지 키 큰 책장은 들어가지도 못한다. 그래서 책들을 대충 쌓아 올려 확보한 한쪽 벽에 책상을 놨다. 음악도 듣고, 책도 읽었다. 붓글씨를 쓰기 위해 먹을 갈 땐, 지리산 청학동에 온 것 같았다. 휴가가 따로 없었다. 책 위에 침을 잔뜩 흘리면서 참 잘도 잤다. 가끔 쌓아 둔 책이 무너져 놀라 깨기도 했다.

영원히 좋을 것만 같았던 내 서재의 꿈도 오래가지 않아 깨졌다. 가장 큰 문제는 집을 떠날 수 없다는 점이었다. 집에 있으면 죄책감이 든다. 주말이라도 남편과 아빠를 가족들에게 돌려주어야 하지 않나 하는 생각에 괴로웠다. 정작 가족들은 아무렇지도 않은데 말이다.

이런 생각들 때문에 비록 몸은 옥탑방에 있어도 마음은 복작거렸다. 청소기 돌리는 소리가 들리면 내려가서 괜히 서 있었다. 아이들이 들어 왔다고 인사라도 하면 뭔가 이야기를 해야 할 것 같았다. 정작 아이들은 원하지 않는 일이었다.

그러던 어느 날, 동네 도서관을 알게 되었다. 깜짝 놀랐다. 내겐 콜럼버스가 아메리카 신대륙을 발견한 것에 버금가는 사건이었다. 도서관은 그야말로 번듯했다. 책을 읽고 글을 쓰는 데 부족함이 없다. 컴퓨터도 여러 대 있다. 무료 와이파이도 제공된다. 주말엔 사람도 많지 않다. 책상과 의자, 화장실 등이 모두 깨끗하다. 무엇보다 좋은 건 집에서 20분 정도 걸어야 도착할 수 있는 위치에 있다는 점이다. 집을 떠나 혼자 있을 수 있는 곳이 나에게도 생긴 것이다.

도 대 체
갈 데가 없어

오롯이 내가 되는
규칙

칸트가 산책하는 걸 보고 동네 사람들이 시계를 맞췄다는 일화는 유명하다. 칸트의 하루는 수십 년 동안 거의 변화가 없었단다. 어쩔 수 없이 일과표를 변경해야만 하는 경우 그는 몹시 기분이 나빠져 짜증을 냈단다. 성격하곤…

　칸트의 하루 스케줄은 아주 구체적인 내용까지 남아 있다. 새벽 4시 55분 하인 람페가 칸트를 깨운다. 5시에 기상해 아침 대신 홍차를 두 잔 마신다. 잠을 깨기 위해서다. 오전 7시까지 수면용 모자를 쓴 채 강의를 준비한다. 오전 7시부터 9시까지는 강의를 한다.

　칸트는 9시부터 12시 45분까지 하루 일과 중 가장 중요한 일을 한다. 그 일은 글쓰기이다. 오후 1시부터 4시까지 친구들과 점심을 오래 먹는다. 그는 하루 한끼만 먹었다. 대구 요리를 좋아했고 주로 붉은 포도주를 마셨다.

오후 4시가 그 유명한 산책 시간이다. 칸트는 혼자 산책을 나갔는데, 언제나 똑같은 길을 걸었단다. 저녁에는 가벼운 책을 읽는다. 밤 10시 침대에 눕는다.

한 사람의 하루 일과만큼 그 사람에 대해 많은 것을 알려주는 건 없다. 이것이 칸트의 일과를 길게 소개한 이유다. 이제 우리는 칸트가 어떤 일을 하는 사람인지, 그가 무엇을 중요하게 여기는지 정확하게 알 수 있다.

이제 나를 알려주겠다. 은퇴한 후 "요즘 하루를 어디에서 어떻게 보내세요?"라는 질문에 나는 이렇게 대답하고 싶다.

아침 5시에 일어나 반려견인 누리와 함께 용마산 둘레길을 두 시간 정도 여유 있게 걷는다. 집으로 돌아와 커피를 마신 후, 가방에 책을 한 권 넣고 대문을 나선다.

20분을 걸어서 공공 도서관에 도착한다. 머리가 맑은 오전에는 글을 쓴다. 점심을 먹고 집에서 30분 정도 낮잠을 잔다. 집과 도서관을 오고 가면서 계절에 따라 변하는 주변 풍경을 사진으로 남긴다.

저녁에는 일기를 쓰고, 매달 마지막 날에는 손글씨로 편지를 쓴다. 블로그에 쓴 글과 일기 그리고 사진 등을 올린다. 10시에 잔다. 이쯤 되면 내가 어떤 사람인지 거의 정확하게 알 수 있을 것이다.

나 역시 은퇴 후에도 계속 일을 해야 한다. 아마 위에서 언급한 스케줄은 일이 없는 날에야 가능할 것이다. 그렇지만 스스로 나를 지켜내는 장소와 규칙을 갖는다는 건 생활의 활력소가 될 것이 분명하다. 거실 팀에 소속되어 TV 팀장님을 8만 시간 이상 모실 생각은 전혀 없다.

공공 도서관이 아니어도 좋다. 집에서 조용히 혼자 있을 수 있다면, 그것도 괜찮다. 집에서 책을 읽다가, 동네 카페 중에 한 곳을 정해서 같은 자리에서 같은 커피를 정해진 시간에 마시는 건 어떨까? 마치 순례자처럼 규율을 정해놓고 매일 읽고 걷다 보면, 방금 책에서 읽은 문장이, 소설 속 인물들이 나와 함께 걷고 있다는 걸 느끼는 신비한 경험도 하게 되지 않을까.

앞에서 봤던 중년기 은퇴불안 척도(MARAS)를 기억해 보자. 신체적 불안 요인 중 불규칙적인 생활 때문에 건강을 걱정하는 항목이 두 개나 포함되어 있다. 오롯이 내가 되는 규칙은 정서적인 안정뿐만 아니라, 신체적 불안 요인들까지 한꺼번에 해결할 수 있는 가성비 높은 방법이다.

혼자라는 혁명

칸트의 하루를 보니 매우 답답하고 꽉 막힌 철학을 했을 거라 지레 짐작할 수도 있겠다. 일면 맞는 말이다. 칸트 철학은 정교하기로 유명하다. 특히 《순수이성비판》과 같은 책은 마치 계단을 올라가듯 차례차례 읽어야 한다. 대충 건너뛰면 결국 건너뛴 부분으로 다시 돌아올 수밖에 없다.

그러나 칸트는 철학사에서 혁명가로 불린다. 칸트는 자기 철학을 코페르니쿠스의 지동설만큼 획기적인 사건이라고 스스로 평가했다.

아무도 의심하지 않았던 천동설을 지동설로 바꾼 인물이 코페르니쿠스다. 지동설이 위대한 이유는 우리 눈에 분명히 보이는 관찰 사실이 틀릴 수도 있다는 가능성을 열었기 때문이다. 우리는 매일 똑똑히 본다. 태양이 동쪽에서 떠올라 남쪽을 거쳐 서쪽으로 움직이는 것을 말이다. 반면, 내가 딛고 서 있는 땅은 요지부동이다.

코페르니쿠스는 교회하고만 싸운 것이 아니다. 눈에 보이는 분명한 사실과 맞서 싸웠다. 눈에 보이는 것이 틀렸다는 사실을 이론적으로 증명한 것이다. 이런 것이 사유의 혁명이다.

칸트도 혁명을 해냈다. 인간이 어떻게 알 수 있는지에 대한 설명을 완전히 뒤집어엎었다. 과거 설명에 따르면, 우리가 눈앞에 있는 사과를 사과로 알게 되는 것은 사과 때문이었다. 그러나 칸트는 반대로 설명했다. 우리가 사과를 그렇게 보기 때문에 사과를 아는 것이다. 우리는 사과를 그렇게 볼 수밖에 없는 인식의 틀을 가지고 태어난다. 칸트는 앎의 기준을 사물에서 인간으로 바꿨다. 인간이 앎의 기준이 된 것이다. 지식의 혁명이 일어난 것이다.

이것이 수십 년 같은 일과표를 지키며 살아온 사람의 힘이다. 칸트의 혁명적 생각은 규칙적인 일상에서 자신만의 시간을 철저하게 확보했기 때문에 가능했다고 생각한다. 칸트는 어디 갈 곳 없나 두리번거리지 않았다. 나로서 존재하는 시간과 장소에서 규칙적으로 살았다. 나만이 할 수 있는 철학을 하기 위해 절제했고, 썼고, 걸었다.

다들 한두 번씩 경험했으리라 믿는다. 규칙적으로 일상을 지내다 보면, 어떤 일은 시간 가는 줄 모르게 재미있다. 그 일 때문에 야근을 하는 데도 불평불만이 없다. 시간외수당은 생각조차 나지 않는다. 행복하기 때문이다. 그 일이 내 안에 있는 역량을 온전히 쏟아내도록 하는 마중물 역할을 했기 때문이다.

아리스토텔레스는 이렇게 자기 능력이 발휘되는 상황이나 결과물을 '에네르게이아(energeia)'라고 불렀다. 어디서 많이 들어 본 말 아닌가? 당신 추측이 맞다. 이 말에서 에너지(energy)가 나왔다. 내 안에 있는 능력이 고스란히 발휘되는 활동 속에서 인간은 삶의 에너지를 느낀다. 규칙적인 나만의 시간이 이런 에너지를 품고 있는 것이다.

일상의 반복이 혁명의 시작이다. 오롯이 내가 되는 규칙을 하찮게 여기는 사람은 제아무리 화끈한 이벤트를 찾아 세상 구석구석을 찾아 헤매도, 결국 허무할 수밖에 없다. 자기 에너지가 없기 때문이다.

자기 영혼을 돌보기 위한 철학 노트

칸트의 3대 비판서는 아래의 질문에 답한 것으로 알려져 있습니다. "나는 무엇을 알 수 있는가?"(순수이성비판), "나는 무엇을 해야 하는가?"(실천이성비판), "나는 무엇을 희망해도 좋은가?"(판단력비판)

위 세 가지 질문에 답하면서, 내 삶을 뒤돌아보는 것도 좋을 듯합니다.

1

나 혼자 조용히 있을 수 있는 곳이 있나요? 그곳은 어떤 곳인가요?

거기서 주로 어떤 일을 하나요?

2

은퇴 후 나를 나로 만드는 규칙적인 시간표를 가지고 있나요?

여기에 한번 적어 주시겠습니까?

3

나만의 개성 넘치는 글과 사진을 다른 사람과 나누고 있나요?

어떤 방법을 사용하나요?

4

그곳에서 그 일을 하면서, 나는 무엇을 알게 되고, 무엇을 해야 한다고 느끼면서,

무엇을 희망하게 될까요?

16장

하루는 더디 가고, 일 년은 후딱 간다

그 많던 시간에
나는 뭘 했나 몰라

혼자 외딴 섬에 있기라도 하듯, 창문 밖 세상은 바쁘게 잘도 돌아간다. 창문을 기준으로 안과 밖의 시간이 다르게 흐르는 것 같다. 은퇴 후 8만 시간의 일상을 뭘 하며 때우나 한숨이 절로 나온다.

그런데 참 이상한 일이다. 하루는 그렇게 더디 가는데, 일 년은 후딱 간다. 갈수록 새벽잠이 없어진다. 화장실 가느라 새벽에 두 번 정도 일어나는데 보통 3시도 안 돼 있다. 다시 못 잘까 봐 짜증이 난다. 좀 더 자야 한다며 자리에 눕지만 영 잠이 안 온다. 절망적이다. 운동이라도 해야겠다 싶어 산에 오른다. 나름 이곳저곳 많이 돌아다녔지만, 집에 도착한 시간은 6시. 은퇴 후 일과 시간을 하루 8시간씩 잡았는데 실수였다. 12시간도 넘을 것 같다.

그렇게 더디 가던 하루가 쌓여 일주일이 되고, 한 달이 되고, 일 년이 된다. 꽃이 피나 했는데 날이 더워지고 매미가 운다. 바람이 선선하다 싶더니 낙엽이 떨어지고 눈이 온다. 엊그제 신년회를 한 것 같은데 송년회를 하자는 카톡이 온다.

일 년을 돌아보면 정말 빠르다. 한 게 아무것도 없는데, 일 년이 쏜살같이 가버린 것이다. 50대엔 시간이 시속 50킬로미터로 가고, 60대엔 시속 60킬로미터로 간다고 하더니 체감속도가 만만치 않다.

얼마 전 큰아이가 대학에 입학했다. 부모님께서 축하해 주시는 식사 자리에서 이렇게 말씀하셨다.

"세상에 내 새끼가 벌써 대학에 갔네. 참 시간이 빨라. 하긴 내가 팔십을 바라보니 시간이 흐르긴 흘렀지. 애들 저렇게 크고 배우는 동안, 도대체 나는 뭘 했는지 몰라."

생체 시간

우리는 입에 달고 살았다. 가족과 직장을 위해 산다고. 그래서일까? 나이가 들수록 가족들 챙기고, 회사 일에 빠져 살다 보니 정작 나만의 시간이 없었다. 분명 내가 살았지만, 내 시간은 내 것이 아니었다고 느끼는 50대들이 많다. 그래서 심리적으로 시간이 더 빨리 간 것처럼 느껴질 수도 있다.

1930년대부터 심리학자들은 나이에 따라 왜 시간 인식이 달라지는지 다양한 실험을 했다. 1960년대에 나온 관련 논문 중 재미있는 것이 있다.

여기 두 그룹이 있다. 하나는 평균 연령 70세 그룹이고, 다른 하나는 18~20세 그룹이다. 두 그룹에게 '시간' 하면 어떤 이미지가 떠오르는지 조사해 봤다. 그 결과, 젊은 그룹은 '고요한', '움직임이 없는', '바다' 등과 같은 정적인 이미지를 연상했다. 반면, 평균 70세 그룹에서는 '달리는', '기차' 등과 같은 표현을 사용했다. 나이에 따라 시간에 대한 이미지가 정적인 것에서 동적인 것으로 변한 것이다.

하긴 나도 기억난다. 소풍, 생일, 여름방학, 크리스마스는 죽어라 하고 오지 않았다. 손꼽아 기다리다가 손가락이 닳아 없어질 정도였다. 특히 공식 어른이 되는 만 20세는 영원히 오지 않을 것 같았다.

애드리안 베얀에 따르면, 우리에겐 두 종류의 시계가 있다. 하나는 1초, 1분, 1시간과 같이 잴 수 있는 물리적 시계이고, 다른 하나는 마음의 시계다. 그가 말하는 마음의 시계란 이미지의 변화를 감지하는 속도를 말한다. 감각정보의 처리 속도가 빠르면 시간이 느린 것처럼 느껴지고, 그 속도가 느리면 시간을 빠르게 느낀다는 것이다.

아이들의 초롱초롱한 눈동자를 생각해 보면 금방 이해된다. 아이들은 주위에서 일어나는 모든 변화에 재빨리 반응한다. 반면, 우리 눈을 봐라. 당최 뭘 보고 있는 건지, 보이기는 하는 건지 알 수 없을 지경이다. 10초 동안 아이들이 처리하는 감각정보가 100개라면, 우리는 아마 30개 정도 되지 않을까. 아이들은 일을 빨리 처리하니까 남는 시간이 지루하고, 우리는 기능이 느려져 끙끙대고 있으니 시간이 빠르게 느껴질 수 있겠다.

사실 우리도 학창시절 이런 경험을 자주 했다. 문제가 쉬워서 잘 풀릴 때는 시험 시간이 남아돌아 지루하다. 시간이 느리게 간다. 반대로 문제가 어려운 날에는 시간에 쫓겨 쩔쩔맨다. 시간이 빨라도 너무 빠르다.

신경학자인 피터 망건은 청년, 중장년, 노년으로 세 그룹을 만든 후, 각각 마음속으로 3분을 재게 했다. 청년 그룹은 평균 3초의 오차를 보였다. 꽤 정확한 셈이다. 중장년 그룹은 평균 3분 16초가 되어야 3분이라고 말했다. 60대 이상 노년 그룹은 평균 3분 40초를 3분으로 인식했다. 피터 망건은 나이가 들수록 뇌에 있는 생체 시계가 느려지기 때문이라고 실험 결과를 설명한다.

나는
시간이다

아우구스티누스는 《고백록》에서 이렇게 말했다.

"아무도 나에게 시간에 대해 묻지 않는다면, 나는 시간에 대해 알고 있다. 그런데 누가 시간에 대해 나에게 질문해 이를 설명하려고 하면, 나는 시간에 대해 모른다."

왜 그럴까? 나는 이렇게 생각한다. 나에게 시간은 내가 태어나면서부터 시작된다. 그리고 내가 죽으면 시간도 없어진다. 내가 태어나기 전 시간과 내가 죽은 후 시간이 도대체 나에게 무슨 의미인가. 시간은 언제나 나의 시간일 때 참된 시간이 아닐까. 내가 시간이고, 시간이

나인 셈이다. 결국, 시간과 나는 분리될 수 없는 것이다.

시간을 아는 유일한 방법은 나와 시간을 구분하지 않고 나로서 사는 것이다. 그런데 나와 시간을 분리해서, 시간만 따로 질문한다면 뾰족한 답이 떠오르지 않는다. 왜냐하면 내가 나를 보고 "너는 누구냐?"고 묻는 것과 같기 때문이다. 누구나 인정할 수 있도록 자기 자신에 대해 객관적인 설명을 할 수 있는 사람은 없다. 나에 대한 나의 설명은 주관적일 수밖에 없다. 시간에 대한 설명은 나에 대한 나의 설명과 같다. 이것이 시간을 객관적으로 설명하기 어려운 이유다.

하이데거는 시간을 항상 '무엇을 위한' 시간으로 이해했다. 우리가 사는 데 있어, 시계에 의해 측정되는 시간은 별 의미가 없다. 우리가 시계로 시간을 잴 때조차 무엇을 하기 위해 재는 것이다. 삶에서 의미 있는 시간은 우리가 마음을 쓰고 있는 그 무언가와 관련되어 있다.

수험생 엄마가 자녀를 위해 기도하는 시간은 단순히 60초짜리 1분이 다시 60개 쌓인 1시간이 아니다. 엄마는 기도하면서 자녀 그리고 시험과 관계된 많은 생각들과 함께 거기에 존재한다. 환자의 시간은 치료 과정과 완쾌 후 있을 다양한 일들과 연결되어 있다. 우리는 60초 1분, 60분 1시간으로 살지 않는다. 항상 어떤 것에 마음을 쓰며 산다.

그렇다면 모든 인간과 연결된 절대적인 것이 있을까? 하이데거는 그것을 죽음으로 봤다. 어떻게 보면 인간의 시간이란 죽어가는 과정이다. 인간에게 시간은 내가 없어져 가는 사건과 직결된다.

하이데거가 볼 때, 인간의 모든 시간은 죽음의 영향권 안에 있다. 그럼에도 불구하고 인간에게는 참 이상한 점이 있다. 내가 사라져 가고 있는 동안에도 인간은 늘 무엇에 대해 마음을 쓴다는 사실이다. 내가 죽어가고 있다면, 내가 없어지고 있다면, 나 자신에게만 신경 써도 시간이 부족할 텐데 말이다.

이런 일은 왜 일어날까? 하이데거는 그 이유를 이렇게 설명했다. 인간은 세상에서 산다. 달리 말해, 인간은 '세계-내-존재(世界-內-存在)'이다. 이 말의 의미는 인간이 존재하는 동안에는 항상 세상에 있는 것들과 연결되어 있다는 것이다. 자신의 일상을 한번 생각해 본다면 이 말이 사실이라는 걸 알 수 있을 것이다. 잠시라도 세상과 완벽하게 단절된 시간을 상상하기란 쉽지 않다. 다시 말해, 인간은 세상 속에 있는 것들과 관계 맺은 채로 시간을 보내는 것이다.

하이데거는 인간이 세상에 있는 것들과 함께 시간을 보내는 방법을 '마음씀(Sorge)'이라고 표현했다. 우리는 늘 무엇인가에 마음을 쓰고 산다. 그게 호기심이든, 필요해서든, 걱정되고 불안해서든 말이다. 그에 따르면, 시간은 나 그리고 나의 삶 그 자체이다. 시간은 인간 존재 그 자체다.

감각이 없으면
시간은 죽는다

은퇴 후 그 많은 시간이 통째로 사라지면 얼마나 황당하겠는가. 그러나 방금 본 철학자들의 생각을 빌리면 시간을 내 삶에 꾹꾹 눌러 담을 수 있는 방법이 보인다.

철학자들이 시간을 보는 관점은 나와 시간을 구분하지 않는 것이다. 나는 시간을 때우는 사람이 아니다. 나는 시간이라는 주머니 속에 담겨 있는 야구공이 아니다. 나와 시간은 인생이라는 용광로 속에서 한 몸을 이루고 있다. 나와 시간은 분리되지 않는다. 내 삶이 시간이고, 시간이 내 삶이다. 시간 속에서 느낀 감각과 경험에 따라 나라는 존재 자체가 다르게 만들어진다.

내가 시간이고 시간이 나인 삶이란 무엇일까? 그건 감각을 살리는 삶이다. 달리 말해, 머릿속 생각만 중요시하는 삶에서 벗어나는 것이다. 데카르트는 자신의 존재를 생각하는 활동에서 찾았다. "나는 생각한다, 고로 존재한다"에서 말하는 생각은 이성의 활동이다. 그는 의심하고 의심하고 또 의심해서 가장 분명하고 확실한 것만 남기고자 했다. 그는 이런 방법적 회의를 거쳐 이성이 발견한 객관적인 진리가 나의 존재 가치라고 믿었다. 그가 가장 의심한 것은 감각이었다.

데카르트 이후 우리는 이성적 생각, 합리적 판단에 인생을 건다. 허투루 생각해선 안 된다. 누구 인생 망칠 일 있나. 이런 불안이 쌓이다 보니, 머리로 계산만 할뿐 아무것도 못할 때가 많다. 결정장애라는 말을 우린 심심치 않게 쓴다.

그러나 한번 생각해 보자. 생각이 먼저일까, 여기 내가 있다는 사실이 먼저일까? 내가 여기에 실제 존재하고 있어야 본질이 뭔지 생각도 가능한 것 아닌가. 그래서 사르트르는 실존이 본질을 앞선다고 말했다.

균형을 잃을 때 넘어진다. 일방적인 쏠림현상은 반드시 문제를 낳는다. 인간 존재의 근거로서 이성적 생각만을 강조하자, 우리 삶에서 감각이 사라져 갔다. 인간의 삶이 사막처럼 건조해진 것이다. 그러나 계산하고 따지는 이성적 삶이 나와 가족과 이웃 모두를 행복하게 만드는 데 얼마나 쓸모 있을까? 우리가 오매불망 바라는 객관적 진실로부터 우리는 무엇을 느끼는가? 안정감인가? 사는 맛인가? 오히려 불안 아닌가! 적어도 불안의 문제에 있어서는 데카르트의 방법론적 회의는 우리를 더욱 불안하게 만든다. 끊임없이 의심해야 하기 때문이다.

인간은 몸을 가지고 산다. 진짜 사는 맛은 몸 전체에 퍼져 있다. 살아가는 데 있어 감각은 얼마나 중요한가? 감각이야말로 칼 같은 계산과 빈틈없는 논리에 시달린 우리가 행복의 바람을 느낄 수 있도록 해 주는 열린 창문이 아닌가? 많은 사람들이 '먹방'을 좋아하는 이유 중 하나도 상실했던 삶의 맛을 깨워주기 때문이다. 삶은 맛있는 음식을 보고 삼키는 군침, 매운 것을 먹고 흘리는 땀, 삼겹살과 마늘 냄새 그리고 적시에 터져 나오는 친구들의 감탄사로 이루어진다. 어떤 측면에서 보면, 우리의 삶은 감각의 제국이다.

감각과 영감을 살리는
비법

그렇지만 남이 먹는 것만 보고 있을 순 없는 노릇이다. 나의 감각을 살려야 한다. 내 몸에 시간을 확실히 담는 방법 중 하나는 시각, 청각, 후각, 미각, 촉각을 통합적으로 살리는 활동을 하는 것이다. 아침 산책은 바로 이런 감각들을 회복시키는 데 좋다.

많은 나라의 신화가 인간의 몸이 땅에서 나왔다고 말한다. 걷기는 내 몸이 고향을 맛보는 여행이다. 아침은 삶의 리듬과 몸의 울림을 느끼기에 좋은 시간이다. 땅을 한 걸음씩 디딜 때마다 막 깨어난 대지의 기지개와 만난다. 발바닥으로 올라오는 땅의 새 기운이 삶을 자라게 한다. 이 기운은 발목을 잡아 주고 종아리를 튼튼하게 한다. 무릎을 쓰다듬고 허벅지를 격려한 다음, 허리에서 춤을 춘다. 나는 이 허리춤 덕에 수술하지 않고 허리 디스크를 20년간 다스릴 수 있었다.

아침 산책은 오염된 눈과 귀를 씻어 주기도 한다. 아침에는 이슬이 맺힌다. 솔잎 끝에 대롱대롱 매달린 이슬은 눈도 축여 준다. 이슬로는 목만 축이는 게 아니다. 뭐니 뭐니 해도 아침 산책의 백미는 새소리다. 직박구리 소리, 딱따구리 소리, 까치 소리에 귀가 호강한다. 직박구리는 참새만큼 많은 서울 텃새다. 암수가 서로 마주 앉아 화음 맞추듯 울면 여기가 동네 뒷산인지 무릉도원인지 알 길이 없다.

땅이 간절하면 나는 가끔 신발을 벗었다. 맨발로 걸었다. 가끔 맨발로 걷는 사람들을 보면서 '얼마나 건강하게 살려고 저러나 참 극성이다' 핀잔주던 나였다. 해 본 사람은 안다. 맨발에 닿는 흙은 정말 색다른 감각을 준다. 어제 살짝 비가 내렸다면 물기가 올라와 발가락을 씻긴다. 부드럽고 알싸한 소름이 돋는다. 행복을 만질 수 있다면 아마 이런 느낌일 것이다.

굵은 모랫길을 걸으면 온몸이 쩔쩔맨다. 발바닥 지압이 몸에 좋다고 아무리 달래도 아프긴 매한가지이다. 고통스러워 신발을 애원하듯 본다. 문득 이런 생각이 들었다. 신발에 맨발이 갇혀 있듯, 삶이 어딘가에 갇혀 있진 않은지. 저런 생각도 들었다. 신발이 맨발을 보호하듯 내 삶도 누가 보호하고 있진 않은지. 갇혀 있던 보호받던 신발 때문에 맨발이 너무 피곤하지 않길 바랐다.

감각을 깨우면 영감도 살아나는 모양이다. 그래서일까? 철학, 음악, 문학을 했던 사람들은 산책을 좋아했다. 칸트뿐만 아니라, 니체도 산책을 매우 좋아했다. 그는 산책을 하면서 심한 편두통을 달랬고, 활발해지는 사고를 정리해 글을 썼다.

1879년 9월에 친구에게 쓴 편지에서 그는 이렇게 밝혔다. "겨우 몇 줄만 빼놓고 전부가 길을 걷는 도중에 생겨났으며 여섯 권의 공책에 연필로 휘갈겨 썼다네."

음악가 베토벤도 영감을 얻기 위해 비엔나 숲속을 정기적으로 산책했다. 영국 소설가 찰스 디킨스는 밤에 산책하는 걸 좋아했다. 그는 걷는 것이 정신을 지켜 준다고 말했다.

나는 가끔 마포대교를 걸어서 출근했다. 마포대교는 자살하는 사람들이 많기로 소문난 다리다. 그래서 건널 때마다 마음이 무겁다. 출근과 자살이라는 단어 사이에서 생각도 많았다. 그 많던 생각들을 무심코 쳐다본 하늘이 깨끗이 날려버리곤 했다.

너무 많은 생각이 자연이 준 선물을 수취인 불명 처리하고 있진 않은지 아까웠다. 한강에 부서지는 아침 햇살은 거대한 황금 잉어를 그렸다. 이 그림을 찍어 사진 일기로 썼다. 나는 걷기가 현대인의 감각을 깨우는 일등공신이라고 생각한다. 나와 삶에 대한 성찰은 덤이다.

거꾸로 흘러도
삶이다

어떤 아기가 방금 어머니의 자궁 밖으로 밀려 나왔다. 그런데 그 아이를 갓난아기라고 불러야 할지, 할아버지라고 불러야 할지 알 수가 없다. 그도 그럴 것이 그 아이는 성성한 백발에 수염까지 덥수룩한 주름투성이 70대 노인의 몸으로 태어났기 때문이다.

《벤자민 버튼의 시간은 거꾸로 간다》는 스콧 피츠제럴드의 단편 소설이다. 영화로도 만들어져 꽤 흥행했다. 작가는 벤자민 버튼의 몸 시계를 거꾸로 작동시켰다. 벤자민은 노인으로 태어나 자라면서 중년이 되고, 중년에서 청년, 청년에서 어린아이로 변하더니 결국 갓난아기로 죽음을 맞이한다.

고대 그리스인들은 시간을 '크로노스(Chronos)'와 '카이로스(Kairos)' 두 종류로 이해했다. 크로노스는 가만히 있어도 흘러가는 물리적 시간이다. 즉, 시계가 똑딱이며 재는 1초, 1분, 1시간 등이다. 이에 비해 카이로스는 그 한 사람만이 누릴 수 있는 주관적 시간이다. 누군가 하루 같은 1년, 100년 같은 하루라는 표현을 사용한다면 카이로스를 말한 것이다.

카이로스는 삶에서 벌어지는 의미 있는 사건이기도 하다. 여인이 사랑하는 남자로부터 청혼 받는 순간이나 부모가 아들의 전사통지서를 받아들이는 순간이 바로 카이로스다. 이 두 사건에서 시간은 당사자들에게 완전히 다르게 흐른다.

벤자민은 생체 시간이 거꾸로 흐르지만, 자신만의 카이로스를 찾아 매우 정열적인 삶을 산다. 아버지의 유업을 이어받아 큰 부를 이루었고, 현란한 춤과 점점 젊어지는 매력적인 외모로 사교계의 거물이 된다. 새로운 모험을 갈구하던 벤자민은 전쟁에도 자발적으로 참전해 혁혁한 공을 세웠다.

사실 벤자민의 시간은 거꾸로 흐르지 않는다. 우리와 똑같은 방향으로 흐른다. 태어나서 죽는 방향 말이다. 그럼에도 불구하고 사람들은 벤자민을 '이상한' 사람으로 취급한다. 마치 자신은 죽지 않을 것처럼 이미 늙어버린 채 태어난 벤자민이 거북하고 낯설기만 하다. 사람들은 벤자민이 자기보다 죽음과 가까운 거리에 있다고 생각한다.

작가는 사람들이 본능적으로 죽음을 피하고 싶어 하지만, 결국 죽음을 맞이할 수밖에 없는 존재임을 보여 주고 있다. 그러한 사실을 인정하고 기뻐하게 될 때 비로소 지금 자신들이 누리고 있는 삶이 가치 있고 고귀한 선물인 것을 깨닫게 된다고 벤자민을 통해 이야기하고 있다.

아기의 몸으로 태어나 노인의 몸으로 죽던, 노인의 몸으로 태어나 아기의 몸으로 죽던, 분명한 사실은 누구나 한 번 태어나면 반드시 죽는다는 것이다. 그렇다면 정말 인생에 있어서 중요한 것은 자신의 몸 자체가 아니라 지금 내 몸이 창조해내고 있는 삶의 운동이 아닐까. 벤자민 버튼은 단추(Button)처럼 삶과 죽음의 천으로 만들어진 인생을 자신만의 카이로스로 하나씩 채워나가고 있다.

우리 몸은 기계적 시간에 의해 늙어만 가는 나약한 존재가 아니다. 몸은 인생의 의미를 담는 복주머니다. 설령 자신의 몸시계가 거꾸로 흐른다고 하더라도 삶의 의미를 담는 데는 부족함이 없다. 우리는 불안한 마음으로 오늘도 시곗바늘 위를 뛰어다닌다. 벤자민 버튼은 이런 우리에게 너의 카이로스는 언제였냐고 묻는다.

자기 영혼을 돌보기 위한 철학 노트

하이데거에게 '시간성(Zeitlichkeit)'은 시계에 의해 측정되지 않습니다. 그에게 시간은 늘 '이미 무엇을 위한 시간'입니다. 시간은 이미 어떤 것에 의해 규정되어 있고, 어떤 동기를 갖고, 그것을 향해 가고 있습니다. 하이데거는 이러한 시간의 특성을 '유의의성(Bedeutsamkeit)'라고 불렀습니다. 당신의 시간은 지금 무엇을 위한 시간입니까?

1

시간 감각을 살리기 위해 지금 하고 있는 활동이 있나요?
어떤 활동인지 말씀해 주실 수 있는지요? 가능하면 그때의 기분도 함께요.

2

주변에 혼자 걷기에 좋은 장소가 있나요?
그곳은 나에게 어떤 생각과 느낌을 주나요?

3

내 인생에서 가장 의미 깊은 카이로스는 언제였나요?
왜 그때를 나의 카이로스라고 꼽았나요?

17장

반려동물과
함께하는 삶

반려동물과
함께하는 삶

유기견
입양 사건

통계청이 2020년 인구총조사 때 반려동물 조사를 처음으로 함께 실시할 것으로 보인다. 결혼은 했지만 아기를 낳지 않거나, 혼자 살면서 반려동물을 기르는 사람들이 늘어나면서 그 필요성이 커졌기 때문이다. 통계청에서는 반려동물을 기르는 인구가 2016년에 이미 1,000만 명을 돌파한 것으로 추산하고 있다.

2020년 2월, 농협경제연구소는 전체 가구 중 약 30퍼센트인 574만 가구가 반려동물을 키우고 있다고 밝혔다. 이렇게 반려동물을 키우는 사람들이 많아짐에 따라 관련 산업도 성장을 거듭하고 있다. 이 경제 연구소는 현재 국내 펫시장은 약 3조 원이며 연평균 14.5퍼센트 성장이 예상돼, 오는 2027년까지 약 6조 원 규모가 될 것으로 전망했다.

이렇게 개나 고양이 등을 키우는 사람들이 많아지고, 관련 돈벌이도 쏠쏠하다 보니 여러 가지 사회적 문제도 일어나고 있다. 최근에는 반려동물 보유세 도입이 공개적으로 논의되었다. 반려동물을 손질하던 미용사가 법적 분쟁에 연루되기도 했다. 반려동물이 미용을 받다가 다쳐 보상 문제가 불거진 것이다. 세상이 정말 많이 변했다.

우리집 아이들도 개를 기르자고 몇 년을 졸랐다. 세 아이를 키운 아내는 "내가 개까지 키우랴!" 못마땅해했다. 사실 아내는 개를 몹시 좋아한다. 정말 힘에 부쳐서 하는 말이다. 눈치 하면 회사원, 나는 언제나 이기는 아내 편을 들었다.

그러던 어느 날, 아내는 중대 발표를 했다. 개를 키우기로 한 것이다. 아이들은 좋아서 야단법석이다. 다들 들뜬 채 유기견 입양센터로 향했다.

온몸으로 아양을 떠는 개 한 마리가 눈에 띄었다. 너규리라는 요상한 이름을 가진 놈이었다. 사냥개처럼 용맹스럽게 잘생긴 얼굴, 이와는 전혀 어울리지 않는 긴 허리와 짧은 다리는 반전이었다. 진돗개와 웰시코기가 사랑을 나눈 결과가 틀림없었다. 짧은 다리지만 껑충껑충 높게 뛰어올랐다. 성격도 밝고 몸도 건강해 보였다.

그렇지만 센터에서 전해 들은 너규리의 사연은 그렇지 않았다. 강화도 외딴집에서 발견될 당시 너규리는 아사 직전이었단다. 후원금

용지에 인쇄된 사진 속 너구리는 깡말라 있었다. 주인이 버리고 가면서 목줄을 풀어 주지 않아 오랫동안 아무것도 먹지 못한 탓이다. 동네 주민들 말에 따르면 할아버지가 길렀는데, 막대기로 그렇게 심하게 때렸단다. 천만다행으로 자원봉사대에 의해 발견되었고, 심장 수술과 다리골절 수술 그리고 중성화 수술을 받고 이곳 센터까지 온 것이다.

삶을
함께하다

집으로 오자마자, 아이들은 이름부터 바꿨다. 이름은 '가족 공모전'에서 뽑힌 '누리'로 정해졌다. 누리는 세상이라는 뜻을 가진 순우리말이다. 이름을 참 잘 지었다. 누리는 그 짧은 다리로 동네를 자기 세상으로 만들었고, 이제 나는 누리 없는 세상을 상상할 수도 없게 되었다.

새 세상을 여는 과정이 쉽지만은 않았다. 누리는 서열을 헷갈려했다. 막내아들에게 으르렁거리다가 여러 번 혼쭐이 나서야 자신이 막내라는 걸 눈치챘다.

누리는 할아버지 트라우마가 있었다. 특히 등산 스틱을 든 할아버지를 보면 내 뒤에 숨어 아픈 다리를 바들바들 떨었다. 그런 누리를 안고 있으면 나도 부르르 떨렸다. 두 생명이 공포를 나눴다.

누리는 다른 사람이 주는 건, 고깃덩이도 거들떠보지 않는다. 식구들 손을 거쳐야 먹는다. 간식을 땅에 두고 "기다려!" 하면, 잔뜩 침을 흘리면서도 잘도 참는다. "먹어!" 하면 그제야 쓱싹 먹어치운다. 대견하다. 신통방통해 여기저기 자랑도 많이 했다. 내 말에 따르는 존재가 있다는 사실은 언제나 흐뭇하다.

이제 누리 흉 좀 볼까. 언제부터인지 골목에 등장한 요크셔테리어는 어른 한 뼘 정도밖에 되지 않았다. 누리는 그놈에게 쫓겨 한 달을 도망 다녔다. 나는 진돗개만한 덩치에 날카로운 이빨까지 탑재한 누리가 창피했다. 덩치 큰 누리가 도망치는 게 재미있는지 고놈 주인은 계속 "물어, 물어!" 큰 소리로 장난친다.

약이 오를 때로 오른 나도 냅다 소릴 질렀다. "누리야, 꽉 물어버려!" 알아들었나? 갑자기 몸을 돌린 누리가 고놈 코를 물어버렸다. 아주 살짝. 방금까지 신나했던 고놈 주인이 호들갑을 떨면서 돌아간다. 통쾌했다. 하긴 그런 작은 놈과 싸워 이겨 봐야 무슨 소득이 있겠나. 완벽하게 이긴다 해도 본전이고, 만에 하나 어디라도 물리면 망신도 그런 망신이 없다. 그동안 도망만 다녔던 누리가 지혜로워 보였다. 힘은 아무 때나 쓰는 게 아니다.

누리는 자기보다 큰 개를 보면 멀찌감치 돌아간다. 계획했던 산책 코스는 달라지지만, 이렇게 하면 산책을 산책답게 즐길 수 있다. 반면, 길고양이를 보면 사냥 본능이 살아나는지 대추격전이 벌어진다. 추격의 막바지. 사냥감을 제압하려는 순간, 고양이도 돌변한다. 털을 세우고 등을 높이고 날카롭게 울어댄다. 지금부터 누리 타임이다. 누리는 마치 고양이가 사라진 것처럼 못 본 척 쓰윽 지나간다. 바로 코앞에 고양이가 멀쩡히 있는 데도 말이다. 자기도 쑥스러운지 혀로 코를 한 번 핥는다.

견선생에게
배운 것

언제부터인가 나는 누리를 견선생이라 부른다. 견선생에게 배운 걸 요약하면 이렇다.

첫째, 처세술을 배웠다. 처세술이란 세상에 어떻게 위치해야 하느냐를 따지는 생각들이다. 따라서 자신의 위치, 즉 분수를 알고 상대방을 배려하는 것이 핵심이다. 누리는 큰 덩치와 이빨을 믿지 않는다. 자기를 강한 자라고 여기지 않는다. 나를 높이면 큰코다친다는 처세술의 기본을 지켰다.

나는 누리처럼 하지 못했다. 상대를 높이기보다 나를 높였다. 상대의 말을 듣고 배려하기보다, 내 말만 앞세웠고, 독불장군처럼 무리

수를 뒀다. 아는 것보다 더 많이 떠벌렸고, 실력보다 높은 목표를 잡아 허송세월을 보내기도 했다. 누리를 보면서 생각이 가지런해졌다. 무리하지 않고 나를 낮추는 것이 가장 좋은 처세술라는 사실을 깨달았다.

둘째, 반복된 일상에서도 호기심을 잃지 않는 법을 배웠다. 누리와 7년 가까이 뒷동산을 산책했으니 안 가본 곳이 없다. 눈을 감고도 다닐 정도가 되었다. 그러나 누리는 항상 호기심으로 가득 차 있다. 바스락거리는 소리만 들려도 귀는 쫑긋하고, 눈은 초롱초롱 빛난다. 덕분에 꿩은 거의 잡을 뻔했고, 가끔 쥐를 잡아 와 나를 놀라게 했다. 청설모는 매번 놓치면서도, 항상 경이롭게 바라봤다. 마치 처음 보는 것처럼 말이다. 호기심 가득한 누리 눈이 그렇게 아름다울 수 없다.

주인이 반복되는 일상에 찌든 회사원이고, 이제 퇴직을 준비하는 나이가 됐다는 걸 누리도 아는 듯 충고도 잊지 않는다.

"일상은 기적입니다. 매일 똑같아 보여도 언제나 새롭습니다. 햇볕도, 바람도, 땅도, 이웃도 어제와 다른 새로운 존재들입니다. 그래서 늘 재미있고, 호기심을 자극합니다. 오감이 모두 곤두서는 느낌! 이걸 놓치지 마세요. 이 놀라운 우주에서 싱겁게 반복되는 건, 매일 똑같다고 투덜대는 주인님 생각뿐일지도 모릅니다." 이 정도면 내가 누리를 '견선생'이라고 불러도 좋을 것이다.

《분서》를 쓴 이지는 50세 이전의 자기 삶을 개에 비유했다. 다른 개들이 짖으면 더 크게 짖었고, 누군가 왜 짖느냐 물으면 다른 개를 따라 무작정 짖었다며 반성했다. 그러나 이지는 개를 오해했다. 개가 짖는 건 인간은 죽었다 깨어나도 모를 삼라만상의 변화에 감동한 탓이다. 견공들은 그 감흥을 표현하는 데 어떤 형식이나 편견도 없다. 골방에서 혼자 낄낄대지도 않는다. 이웃과 허심탄회하게 크게 어울린다. 그러다가도 아무 일 없었다는 듯 자족하며 제자리로 돌아간다. 이지가 이를 알았다면, 자신이 평생 추구했던 삶의 방향이 견공과 크게 다르지 않았다는 걸 인정했을 것이다.

머그컵에 담긴 강아지, 차마 입에 담을 수 없는 일이 벌어진다는 개농장. 생명까지 상품으로 파는 세상이다. 생명은 서로 품고 길러 줄 때, 비로소 우리에게 꼭 필요한 이야기들을 꺼내 놓는다. 견선생은 돈에 매몰된 인간성에 일침을 준다. 내 안에 있는 생명력을 발견하라고, 그것을 자연스레 드러내라고, 그래야 이웃 그리고 생명과의 온전한 대화가 가능하다고 말이다.

"견선생, 오늘도 한 수 부탁하네."

자기 영혼을 돌보기 위한 철학 노트

코로나19로 인간 활동이 멈춰 섰습니다. 그랬더니 하늘이 맑아졌습니다. 히말라야산맥이 깨끗해졌습니다. 멸종위기종인 매부리바다거북이가 백 마리도 넘게 부화했습니다. 반려동물을 키우면서 생명이 무엇인지, 우리 인간이 너무 무리하게 살고 있진 않은지 생각해 볼 시간을 가져 보는 것은 어떨까요.

1

반려동물을 키우거나 키울 예정인가요? 왜 그렇게 결정하셨나요?

2

만약 반려동물이 말을 한다면, 내게 어떤 말을 해 주고 싶을까요?
그 말은 아마도 내가 나에게 해 주고 싶은 말일지도 모릅니다.

3

동물은 동물답게 길러야 한다고 합니다. 그럼, 사람을 사람답게 기르는 방법은
무엇일까요? 나를 나답게 성장시키는 건 무엇이라고 생각하세요?

18장

내 팔자엔
사업운이 없나봐

이게 맞긴
맞는 건가

경기가 안 좋긴 안 좋은 모양이다. 요즘 창업지원센터에는 자영업자의 상담 요청이 부쩍 늘었다고 한다. 은퇴 후 자영업을 하시는 분들 중에 노력이 부족해 망하는 경우는 거의 없다. 대부분 이번 장사가 인생의 마지막 기회라며 이를 악물고 한다. 새벽부터 일어나 점심도 대충 때우고 노심초사 일했는데 잘 안 된다고 눈물을 흘린다. 해도 해도 안되니, 내 팔자엔 사업운이 없다며 운명을 탓하기도 한다.

선배들 중에 명리학이나 주역 또는 타로점을 공부한다는 분들이 꽤 있다. 미래가 불안한 20대나 30대 젊은 친구들도 명리학을 공부한다는 기사를 최근에 봤다. 하긴 입사시험에 백 번쯤 떨어졌다면 '이건 내가 모르는 운명이 있는 게 확실하다'고 생각할 만하다.

젊은이들은 운명을 만나는 방법도 젊다. 유튜브, 팟캐스트를 통해 강의를 듣거나, 무료 만세력 앱 또는 사주 포털 사이트에서 무료 상담사를 찾기도 한다. 명리학과 주역을 다룬 대중서적도 많이 나왔다. 주역은 단순한 점이 아니다, 과학이다, 길고 긴 역사 속에서 검증된 통계학이다, 따라서 "잘 맞는다"라는 주장을 어렵지 않게 볼 수 있다.

사주팔자에서 사주(四柱)는 태어난 생년, 생월, 생일, 생시를 말한다. 사주는 각각 두 개의 글자로 표기된다. 두 개의 글자는 세로로 쓰는데 위에 있는 것이 천간, 아래에 있는 것이 지지다. 따라서 사주라는 네 개의 기둥은 모두 여덟 개의 글자, 팔자(八字)로 나타난다. 2020년 경자년 1월 1일에 태어난 똘똘이를 예로 들어보자. 똘똘이의 생년은 기해(己亥)년, 생월은 정축(丁丑)월, 생일은 정묘(丁卯)일, 생시가 11시 55분이라면 병오(丙午)시가 된다.

사주의 윗글자인 천간에 올 수 있는 글자는 10개(갑을병정무기경신임계)다. 사주의 아래 글자인 지지에는 12개(자축인묘진사오미신유술해)의 글자가 올 수 있다. 천간과 지지를 조합해 만들 수 있는 경우의 수가 모두 60개다. 이를 60간지라고 한다.

이런 식으로 만들어지는 사주팔자의 경우의 수는 모두 51만 8,400개다. 따라서 사주를 본다는 건 사람을 51만 8,400개의 유형으로 나눠 이해하는 것이다.

이러한 유형이 오랜 세월 검증을 거쳐 오늘날에 이르렀다고 하니 어느 정도 맞는다고 해야 하지 않을까. 그래서인지 자녀 교육을 위해 명리학을 공부하는 학부모들도 생겼다. 자녀의 사주에 맞는 진로 선택이나 전략 과목 선정에 활용한다는 게 그들의 생각이다.

수학 점수와 사주와의 연관성을 연구한 논문도 등장했다. 연구자는 최근 3년간 대학수학능력시험을 본 대학생, 재수생 197명의 사주를 수집해 분석했다. 이 논문은 수학 성적 상위 그룹과 하위 그룹을 나눠 비교한 결과, 수학 등급과 사주 사이에 유의미한 상관관계가 있다고 결론 내리고 있다.

사주팔자에 담긴
사람 마음

사주팔자가 오늘날까지 사람들에게 매력적인 이유는 무엇일까? 첫 번째 이유는 불확실한 것을 설득력 있게 설명한다는 점이다. 인간은 불확실한 상황을 좀처럼 참지 못한다. 살다 보면 어느 날 갑자기 사랑하는 가족들이 죽고, 아무 잘못도 없는데 평생 모은 재산을 날리기도 한다. 언제, 어디서, 무슨 까닭으로 나에게 불행이 닥칠지 전혀 알 수 없다. 답답해서 속이 터질 노릇이다. 사는 게 두렵고 불안하다. 내가 공감할 수 있는 설명을 듣고 싶은 게 당연하다.

앞날을 내다볼 수 없는 인간들은 설명을 갈망했다. 이러한 설명 욕구는 이야기를 만들었다. 어떤 사건이던지 그럴싸한 이야기로 풀어지면 고개가 끄덕여졌다. 설명된 사태는 인간에게 불안을 주지 않는다.

우리도 길에서 이런 경험을 자주 한다. 아무리 빵빵거려도 앞차가 꼼짝하지 않는다. 앞차 잘못이 아니라는 건 나도 잘 안다. 짜증나고 답답해서 나도 모르게 경적을 울린 것이다. 놀리기라도 하듯 반대편 차들은 쌩쌩 잘 달린다. 혹시 몰라 교통방송을 틀었다. 앞 사거리에서 추돌사고가 나서 막힌다는 설명이 나온다. 이유를 알고 나니 마음이 한결 편하다. 차는 여전히 움직이지 않지만, 불안하거나 답답하지는 않다. 마음의 위안, 이게 바로 설명의 힘이다.

사주팔자가 우리에게 먹히는 또 하나의 이유는 우리에게 삶의 의미를 생각하도록 만들기 때문이다. 나는 이것을 형이상학적 욕구라고 부른다. 형이상학이란 변화하는 우주의 배후에 무엇이 있는지 그 근거와 원리를 설명함으로써 인간에게 의미를 부여하는 철학이다.

인간은 우주에 관한 거의 모든 것에 호기심을 느낀다. 무엇보다 자기 자신에 대한 궁금증은 죽을 때까지 계속된다. 아니 호기심은 죽음 너머의 세계에까지 손을 뻗친다.

인간 본질에 대한 궁극적 질문들은 폴 고갱이 1897년 남태평양의 타히티에서 그린 작품 제목에도 잘 나타나 있다. 사랑하는 딸이 태어나자마자 죽자 고갱의 충격은 이만저만이 아니었다. 이 작품은 매독으로 극심한 고통과 자살충동을 느끼면서도 그가 끝끝내 완성한 대작이다. 이 작품의 이름은 이렇다.

"우리는 어디서 왔는가, 우리는 무엇인가, 우리는 어디로 가는가?"

주역은 인간의 삶과 죽음뿐만 아니라, 우주의 삼라만상이 어떻게, 왜 변하는지에 대한 설명까지 논리적으로 풀어냈다. 그래서인지 주역을 영어로 번역한 사람들은 책 제목을 《The Book of Changes》로 붙였다. 그 변화의 중심에는 언제나 사람이 있다. 51만 8,400개의 유형은 그냥 나온 것이 아니다. 우리는 주역을 통해 이러한 변화의 원인과 결과, 원리와 양상에 대한 튼튼한 체계를 얻고 있다.

우리는 사주팔자라는 설명을 통해서 삶의 방향을 정할 수 있다. 어떻게 살아야 하는지 세상과의 관계를 어떻게 가져야 하는지 주역을 통해 정보를 얻어 왔고, 지금도 얻고 있다. 이를 기초로 우리는 삶에 대한 깊은 질문을 계속 제기할 수 있고, 또한 대답까지 들을 수 있다.

내 이익만 생각하면
팔자는 항상 사납다

연말 연초 주식시장의 최대 관심사는 새해에 주가가 오를 것인가, 아니면 떨어질 것인가이다. 주식 최고 전문가들의 의견은 놀랍게도 '오른다'와 '떨어진다'로 완전히 갈린다. 전문가들 의견이니 어떤 논리와 근거가 분명 있을 것이다. 그렇다면 대답도 일치해야 하는 거 아닐까? 그런데 단 한 번도 만장일치는 없었다. 정반대의 의견으로 언제나 팽팽하게 맞선다. 양쪽 모두 뚝 부러지는 근거를 댄다. 그래프와 숫자를 앞세워 누가 봐도 고개를 끄덕이게끔 설명한다. 이쪽 말을 들으면 이쪽이 맞고, 저쪽 말을 들으면 100퍼센트 저쪽 말이 맞다.

그러나 결과는 어떤가? 어느 날은 떨어지지만, 어느 날은 오른다. 오르거나 떨어진 결과가 나온 뒤에 그제 서야 왜 이런 결과가 나왔는지 짜 맞추기식으로 다시 설명한다. 이상하리만큼 내가 돈을 잃었다는 사실만은 변하지 않는다.

이와 마찬가지로 주역도 결과론에 불과하지 않은가? 내 인생을 주역에 맞춰 짜깁기하는 게 아닐까? 주역에 대한 이러한 생각은 주역에 대한 근본적인 오해에서 비롯된다. 그 오해란 주역을 나의 돈벌이를 설명하기 위한 책으로 본다는 것이다. 그러나 주역은 그런 용도가 아니다.

정확하게 말하면 주역은 음양의 변화와 관계에 관심을 갖고 쓰인 책이다. 음양이 서로 어떻게 돕는지, 즉 음양의 상보성을 다루는 학문이 주역이다. 음양은 상황에 따라 서로 뭉치고 헤어지는 방식이 달라진다. 음양의 강약 변화는 고정된 가치 판단이나 선악 판단이 아니다. 상황을 읽어내는 지혜, 즉 맥락 판단이다. 주역은 삶의 맥락에 따라 달리 해석할 수 있는 사람 앞에서만 그 지혜를 드러낸다.

우리가 답답한 건, 까놓고 말해 세상이 내 중심으로 돌아가지 않기 때문이다. 나는 나에게만 관심이 있는데, 주역은 그렇지 않다. 주역은 세상살이의 전체 흐름을 괘를 통해서 그려내는 것이다. 우주는 나를 중심으로 돌아가지 않는다. 미안하지만 앞으로도 그럴 예정이다. 따라서 내 이익만 생각하면, 팔자는 항상 사나울 수밖에 없다.

내가 이익을 보게 될지 손해를 보게 될지에 매몰되어 있는 사람은 '나'라는 진흙탕 속에서 주역을 읽는 꼴이다. '나'를 구원하기 위해 종교를 믿는 사람도 마찬가지다. 주역이나 종교 경전에 욕심이 잔뜩 묻어 책을 제대로 읽을 수 없게 된다. 보고 싶은 것만 보고, 나에게 유리한 대로 대충 해석하게 된다.

종교나 영적 지도자들은 자기를 세상의 중심으로 삼는 순간 우주의 원리에 역행한다는 걸 깨달았다. 따라서 이들은 늘 이웃을 세상의 중심으로 삼았다. 생각해 보면, 세상이 나를 중심으로 돌아가지 않는다는 건 얼마나 다행인가. 만일 세상이 내 뜻대로 돌아간다면, 죽 끓듯 변하는 내 기분에 따라 무고한 사람들이 얼마나 많이 다치고 죽었을지 생각만 해도 끔찍하다.

나에게만 빠져 있는 상태를 나르시시즘이라고 부른다. 그리스 신화에서 유래한 나르시시즘, 즉 성적 자기애를 학문적으로 처음 다룬 사람은 프로이트이다. 프로이트는 성적 자기애를 모든 생명체가 어느 정도 당연히 갖게 되는 자기보존 본능으로 보았다. 그는 자기애가 질병이 아니라, 정상적인 성적 발달 과정에서 나타나는 것으로 이해했다. 이러한 성적 자기애는 자라면서 에고이즘, 즉 이기주의로 변형될 수 있다. 자기보존 본능이 변형된 이기주의는 생존을 위해 필수적이다.

그러나 무엇이든 넘치면 모자란 것보다 못하다. 사람은 나를 중심으로 살아갈 수밖에 없고 이 본능이 삶의 출발점이다. 동의한다. 그러나 인간은 나만을 위해 살아갈 수도 없는 존재이다. 왜냐하면 인간은 다른 사람들과의 관계 속에서 자신을 발견하고 자신의 가치를 인식해 나가는 사회적 존재이기 때문이다.

아리스토텔레스는 인간의 본성을 두 가지로 설명했다. 첫째, 인간은 본성적으로 앎을 추구한다. 둘째, 인간은 본성적으로 사회적 동물이다. 둘 중 어떤 것이 우세할까? 그러나 인간의 본성이란 하나가 다른 하나를 밀어내거나 깨버리는 것이 아니다. 커피가 뜨거운 물에 잘 녹듯 조화된 상태로 나타나기 마련이다.

그렇다면 앎을 추구하는 인간 본성과 사회적 동물인 인간 본성은 어떻게 조화될 수 있을까? 인간의 삶이란 본성적으로 다른 사람들과의 관계에서 참된 앎을 추구하는 것이 대답이 될 수 있을 것이다.

세상과 담을 쌓고 자기 지식만 쌓아올리는 삶도, 다른 사람들의 이목을 끌기 위해 괴상한 행동을 하는 것도 아리스토텔레스에겐 인간 본성에 어긋나는 행동이다. 그가 말한 자신을 사랑하는 사람이란 공동체 속에서 다른 사람들과 더불어 진실을 발견해 나가는 사람으로 이해되어야 할 것이다.

나아가 레비나스와 같은 철학자는 인간의 근원적 욕망은 자기보존 충동이 아니라 자기를 넘어서서 다른 사람들에게로 나아가려는 충동이라고 말했다.

주역,
나와 남을 동시에 보는 지혜

우리는 사주팔자를 이익과 손해의 관점으로 보고 싶어 한다. 그러나 이익과 손해는 그걸 어느 시점에 따지느냐에 따라 달라진다. 당장 이익을 봐서 거하게 한턱 쐈다가 다시 쪽박을 차는 경우가 흔하다. 이렇게 될 줄 알았다면, 그때 차라리 복권에 당첨되지 않았어야 했다면서 땅을 치는 경우도 많다. 우주의 근본원리가 변화이기 때문에 이런 일은 어쩔 수 없이 생긴다. 내가 세상의 중심이 아니기 때문에 생기는 당연한 현상이다.

사주팔자에 나온 좋은 점괘가 나 말고 다른 사람에게도 좋은지 한번 생각해봐야 한다. 내가 이익을 봤다면 누군가는 손해를 봤다는 뜻이다. 변화의 원리상, 다음에는 이익과 손해의 입장이 서로 바뀔 가능성이 크다. 백 번 싸워서 백 번 모두 이겼다면 뭔가 수상한 것이다. 누군가 백전백패했다면 게임 규칙 자체에 문제가 없는지 의심해 보는 게 맞다.

그런데 우리는 백전백승한 사람을 추켜세우고, 백전백패한 사람을 깎아내린다. 백전백승한 사람을 따라가고, 백전백패한 사람은 멀리한다. 이러한 태도는 주역이 말하고자 하는 음양의 상보성과는 아주 다른 것이다.

돈을 많이 버는 것이 성공이라는 생각에 사로잡혀 있는 사람에게 사주팔자가 말하고 싶은 것은 그 안에 실패의 씨앗이 함께 자라고 있다는 것이다. 삶의 맥락, 그러니까 다른 사람과의 관계 속에서 성공과 실패가 뒤바뀔 수 있다는 지혜가 주역의 지혜라고 생각한다.

죽어라 해도 잘 안 될 때, 사주팔자만 탓하지 말자. 이미 잘 되고 있는데 내가 깜빡 잊고 있는 걸 찾아보자. 두루두루 생각해 보면, 잃은 것과 얻은 것이 얼추 맞아떨어진다. 우린 그런 우주에서 살고 있다.

자기 영혼을 돌보기 위한 철학 노트

도가는 성심(成心)에서 도심(道心)으로의 전환을 가르칩니다. 성심(成心)은 한쪽으로 기울고 집착하는 마음인 반면, 도심(道心)은 늘 변화하는 자연(自然)을 받아들이는 마음입니다.

늘 변화하는 것이 자연의 이치라면, 성심은 그 변화를 거부하고 어느 하나를 고집하는 마음입니다. 주역은 변화에 관한 책입니다. 그 변화 속에서 우리가 무엇을 고집하고 있는지 고발하는 책이기도 합니다.

1

사주팔자나 점을 쳐 보신 적이 있나요? 어떤 결과가 나왔나요?

기분이 좋았다면 그 이유는 무엇일까요?

기분이 나빴다면, 그건 또 왜 그랬을까요?

2

인생을 되돌아봤을 때, 이익과 손해의 차이가 많다고 생각하나요?

아니면 비슷하다고 생각하나요? 왜 그렇게 생각하나요?

3

우주가 나를 중심으로 돌아가지 않는다면, 그건 내게 행운인가요, 불행인가요?

왜 그렇게 생각하나요?

19장

치킨집이냐
카페냐

망한 자리에 또
치킨집

동네에 식당 골목이 하나 있다. 걸어서 불과 몇 분이면 다 돌아볼 수 있는 작은 골목이다. 거기에 치킨집 7곳, 카페 4곳, 고기집 2곳이 있다. 매장에는 손님이 거의 없다. 휴일에도 크게 늘진 않는다. 배달의 용사들이 가끔 보일 뿐이다.

이 골목에서 가장 많이 보이는 건 단연 치킨집이다. 모두 특제 양념과 튀김 비법을 자랑하지만 간판이 자주 바뀐다. 이상한 건, 망한 치킨집 자리에 또 치킨집이 생긴다는 점이다. 이 골목엔 치킨집 총량의 법칙이 있나 보다.

통계청이 2019년 9월에 발표한 '2018년 기준 전국 사업체 조사

잠정 결과'에 따르면, 2018년 말 기준 전국 사업체 수는 410만 개, 거기서 일하는 사람은 2,220만 명이다. 2017년과 비교해 업체는 8만 개, 종사자는 57만 명 늘었다고 한다.

2018년에 새로 오픈한 카페, 치킨집, 빵집 등이 1만 9,000여 개로 추정된다. 같은 해, 프랜차이즈 점포 한 곳당 매출이 가장 적은 업종은 치킨집이었다. 소상공인들의 평균 창업비용은 1억 300만 원, 창업한 해 영업이익은 3,400만 원으로 나타났다.

카페도 상황은 마찬가지로 좋지 않다. 한 언론 보도에 따르면 2018년에만 카페 1만 4,000곳이 새로 문을 열었다. 같은 기간 문을 연 치킨집 6,200곳보다 2배 이상 많다. 2019년 7월 현재, 전국에 있는 카페는 약 7만 1,000곳이다. 한편, 카페의 폐업률은 계속 높아지고 있다. 2018년 카페의 폐업률은 11.9퍼센트였다. 치킨집의 폐업률 9.4퍼센트를 앞질렀다.

그럼에도 불구하고 퇴직을 앞둔 사람들은 그들을 유혹하는 창업 박람회로 발걸음을 돌린다. 창업박람회에서는 수많은 치킨집, 카페 프랜차이즈들이 우리의 퇴직금을 노린 사탕발림에 한창이다. '본사의 완벽한 지원', '확정 수익 보장', '상권 분석에서 컨설팅까지' 등이 우리의 마음을 현혹한다.

오늘 또 한 곳이 새로 인테리어 공사를 하고 있다. 나간 사람, 들어올 사람, 모두 잘되길 바랄뿐이다.

믿음대로
될지어다?

한 사회를 잘 굴러가게 하려면 그 구성원들이 인정하는 '목적 가치'
가 있어야 한다. '우리는 이것을 위해 모였다' 또는 '우리나라는 이것에
의해 움직인다'라고 할 때, '이것'에 해당하는 것이 바로 목적 가치다.
이것은 민주주의, 자본주의, 자유주의 등에 나오는 '주의(主義)'로 표현
된다. 따라서 '주의'란 어떤 국가, 어떤 사람이 살아가는 대의명분이요,
작동원리인 셈이다.

국가에 큰일이 있을 때마다, 그 가치를 기준으로 문제를 이해하
고 해결책을 결정한다. 사회 구성원들도 이와 같은 대의명분과 작동원
리를 마음에 품고 살아간다. 일반적으로 사람은 자기가 속한 공동체가

칭찬하는 쪽으로 행동하고, 꾸중하는 짓은 하지 않는데, 목적 가치는 공동체의 칭찬과 꾸중의 기준이 된다. 결국 이것은 한 사람의 인격과 습관을 형성하는 데 큰 영향을 미친다.

우리나라는 정치 분야에서는 '민주주의'를, 경제 분야에서는 '자본주의'를 기본적으로 선택했다. 민주주의는 자유롭고 평등한 국민 모두에게 정치적 주권이 있다는 믿음에서 출발한다. 이러한 믿음은 선거 제도에서 1인 1표로 표현된다.

이에 비해, 자본주의는 1원 1표가 원칙이다. 사람이 아니라 자본이 기준이다. 자본이란 돈으로 교환 가능한 뭔가를 만들어낼 수 있는 힘이다. 따라서 자본주의는 돈에게 경제적 주권이 있다는 믿음에서 출발한다.

지금 나는 마치 정치적 주권과 경제적 주권이 따로 있는 것처럼 말했다. 그러나 주권이란 한 국가의 최고 권력이다. 최고 자리는 딱 하나다. 둘로 나눌 수 없다. 그렇다면, 정치적 주권과 경제적 주권 중 무엇이 진정한 주권인가? 당연히 정치적 주권이라고 답할 것이다. 회사원으로 평생 살다가 이제 은퇴를 준비하는 나에게 다시 물어봤다. 망한 자리에 또 치킨집이 들어오는 그 골목을 방금 다녀온 후에 말이다. 내 삶에서 정치적 주권이 경제적 주권을 정말 이기고 있는가?

'목구멍이 포도청'이라는 말이 있다. 포도청은 지금으로 치면 경찰서다. 경찰은 국가 공권력의 상징이다. 이 속담은 생계의 절박함이 국가 공권력보다 힘이 세다는 걸 의미한다. 우린 살면서 생계가 가진 위력 앞에 법과 제도가 얼마나 무력하게 쓰러져 갔는지 봐왔다. 현실에서는 목구멍이 포도청이란 속담과 '법보다 주먹이 가깝다'라는 속담의 차이를 잘 느끼지 못한다. 당연히 정치적 주권이 진정한 주권이라고 말하면서도 목이 따끔거리는 건 이 때문이다.

모두가 자유롭고 평등하다는 것은 눈에 보이지 않는다. 증명하기도 어렵다. 그럼에도 불구하고 우리가 민주주의를 선택한 것은 그것이 옳다고 믿기 때문이다. 그렇다면 우리가 1원 1표가 원칙인 자본주의를 받아들인 건, 경제 영역에선 그게 옳다고 믿었기 때문인가?

아줌마
물 좀 먹을게요

초등학교 시절에는 하루 종일 뛰어다녔다. 당연히 하루 종일 목이 말랐다. 특히 여름에는 물을 애타게 찾았다. 학교 운동장에 있는 수돗가에는 물이 잘 나오지 않았다. 급한 마음에 수도꼭지를 쪽쪽 팔면 녹맛 나는 물만 찔끔 나와 갈증이 되려 심해졌다. 안 되겠다 싶으면 동네 문방구나 구멍가게로 뛰어 들어가서 물을 달라고 했다. 그러면 아주머니께서는 그냥 주셨다. 맘껏 물도 먹고 세수도 했다.

요즘 편의점에 들어가 어릴 때처럼 하면 잡혀간다. 이제 물은 사 먹는 게 당연한 것이 되었다. 봉이 김선달이 대동강 물을 팔겠다던 시절에 사람들은 웃었다. 지금은 물을 공짜로 달라고 하면 웃는다. 옛날에는 길을 물어보면 사람들이 그냥 가르쳐줬다. 요즘은 '이 사람은 휴대폰도 없나' 하고 이상하게 쳐다본다. 길 찾기는 정보가 되었고, 정보는 정보처리기기를 거쳐 제공받는 상품이 되었다. 정보처리기기와 데이터는 돈을 주고 사야 하는 상품이다.

옛날에는 팔지 않았던 것들이 지금은 상품이 되었다. 이걸 과학과 기술의 발달이라고 해야 할지 당황스럽다. 물과 길 찾기 정도는 그냥 쓸 수 있어야 하지 않나 싶다. 그러나 이런 주장은 누구에겐 날벼락 같은 소리거나, 경제와 산업을 모르는 무식한 소리로 들릴 것이다. 물과 데이터를 팔아 사는 사람들이 한두 명이 아니고, 따라서 여기에 딸린 일자리와 경제적 효과가 엄청나기 때문이다.

아무리 그렇다고 하더라도 돈을 받고 팔 수 있는 것과 그럴 수 없는 것은 구별해야 한다. 왜냐하면 돈으로 살 수 있는 것들이 많아지면 많아질수록, 수단에 불과했던 돈이 목적이 되어버리기 때문이다. 돈이 목적이 되는 순간, 정치적 주권은 경제적 권리에 자리를 내줄 수밖에 없다.

수단은 그 본질상 목적을 달성하기 위한 범위 내에서만 의미가 있는 것이다. 수단이 목적 범위를 넘어서면 이상한 결과가 나온다. 집으로 돌아가기 위한 수단으로 자동차를 선택할 순 있지만, 자동차를 사기 위해 돌아갈 집을 팔순 없는 노릇이다.

그렇다면 이제 논의의 중심은 돈을 수단으로 묶어 둘 수 있는 목적 가치로 옮겨간다. 그러한 목적 가치에는 어떤 것들이 있는가, 그러한 목적 가치를 누가 어떤 방법으로 결정할 것인가 등 말이다. 이러한 결정 과정이 바로 정치다. 정치가 중요한 이유는 그 사회가 옳다고 믿는 목적 가치들이 정치 활동을 통해 결정되기 때문이다. 이것이 앞에서 말한 것처럼, 경제적 주권을 정치적 주권 밑에 두어야 하는 이유다. 우리 사회의 목적과 수단을 분명히 하는 것이다. 결론적으로 말해, 자본주의는 민주주의를 유지하는 범위 내에서만 작동되어야 한다.

이미 우리 헌법은 이러한 목적 가치들을 분명하게 밝히고 있다. 그 목적 가치의 중심에는 '사람'이 있다. 모든 국민은 인간으로서 존엄하다는 헌법 제10조는 이것을 분명하게 밝힌 것이다. 따라서 인간이 인간답게 사는 데 꼭 필요한 것들은 돈이라는 수단에 점령당하지 않도록 정치적 주권으로 막아야 한다. 인간의 삶과 필수적으로 연결된 것들은 목적으로 대우해야 한다.

정치와 경제는
분리될 수 없다

경제전문가들이 많이 하는 말 중에 이런 말이 있다. 정치와 경제는 확실히 구분되어야 한다. 그들은 경제에 정치가 자꾸 개입하면 경제를 망치게 된다고 우려한다. 이 말은 맥락에 따라 다양하게 해석할 수 있겠지만, 기본적으로 정치와 경제는 깨끗하게 나눠지지 않는다.

일단 경제정책을 결정하는 주체가 정부다. 정부는 국민의 정치적 판단에 따라 정책 방향을 바꾼다. 세금을 올리거나 내린다. 수출과 수입 관련 품목이 달라진다. 어떤 사업은 대기업이 하지 못하도록 규제한다. 아파트를 사기 위해 필요한 대출 심사를 엄격하게 한다. 정책 방향에 따라 이해관계들이 크게 달라질 수밖에 없다. 정치는 경제에 직접적인 영향을 미친다.

이것뿐이 아니다. 국가는 그 어떤 경제주체보다도 씀씀이가 크다. 이건 전 세계 어디나 비슷하다. 정부 또는 공기업은 가장 많은 토지를 구입하고, 가장 많은 쌀을 산다. 잠수함이나 탱크, 전투기 등은 아예 국가 말고는 살 수도 없다. 여기에 들어가는 돈의 규모는 엄청나다. 관련 산업을 흥하게도, 망하게도 할 수 있다.

정치와 경제는 딱 잘라놓고 말할 수 없다. 이를 증명하기라도 하듯 초기 경제학은 모두 정치경제학이었다. 정치학은 윤리학과 밀접한 관계를 맺으면서 발전해 왔다. 그래서인지 정치경제학에는 윤리적 내용이 많이 포함되어 있다.

《국부론》은 자유방임주의를 표방한 최초의 경제학 저서로 알려져 있다. 이 책을 쓴 애덤 스미스는 자신을 《도덕감정론》의 저자로 소개하고 싶어 했단다. 이러한 그의 바람은 당시 전혀 이상한 일이 아니었다. 경제는 그 사회의 목적 가치를 결정하는 정치를 벗어날 수 없기 때문이다. 국가가 있는 한, 상황은 같다.

그곳은
불의가 있는 곳이다

생산관계라는 말이 있다. 이 말은 생산을 결정하는 생산주체와 그 결정대로 생산에 사용되는 생산수단 사이의 관계를 뜻한다. 역사 교과서는 보통 이러한 생산관계를 노예제, 농노제, 자본주의로 나눠 소개한다.

　노예제는 노예가 생산수단이다. 생산주체는 그 노예를 소유한 주인이다. 주인과 노예는 신분계급에 따라 수직으로 연결되어 있다. 농노제는 농노가 생산수단이고, 생산주체는 지주가 된다. 지주는 장원이라는 거대한 땅의 주인이다. 땅을 직영지와 소작지로 구분해서 농노를 일하게 한다. 직영지에서 나오는 곡물 전체나 소작지에서 나오는 곡물 중 일부를 빌려준 땅값으로 받는다. 농노는 사유재산을 일부 가질 수 있었다. 이것만 보면 농노가 노예보다 낫다고 할 수도 있겠다. 그러나 근본적으로 지주와 농노도 엄격한 신분 계급에 의해 유지되었다.

자본주의는 노동자가 생산수단, 자본가는 생산주체 역할을 한다. 노동자는 노예나 농노와 달리 자유롭다. 모든 근로조건은 노동자가 스스로 결정하고 협의해서 계약이라는 형태로 체결된다. 노동을 통해 번 돈과 그 돈을 투자해 다시 번 돈으로 사유재산을 가질 수도 있고, 자기 자신이 자본가가 될 수도 있다. 그렇다면, 도대체 왜 많은 사람들이 자본주의를 욕하는 걸까?

그 이유 중 하나는 자본주의가 노예제와 농노제처럼 엄청난 빈부 격차를 만들고 있다는 지적 때문이다. 옥스팜이 발간한 〈불평등 보고서 2020〉에 따르면, 전 세계 억만장자 2,153명이 다른 46억 명보다 더 많은 부를 가졌다. 전 세계 상위 1퍼센트의 부유층이 그 밖에 69억 명이 보유한 부의 두 배 이상을 소유하고 있다. 전 세계에서 가장 부유한 남자 22명이 아프리카 전체 여성이 소유한 것보다 더 많은 부를 소유하고 있다. 재미있는 비유도 있다. 만약 피라미드 건축이 끝난 시점부터 매일 1만 달러를 저축하더라도, 전 세계 억만장자 5명이 보유한 평균 자산의 20퍼센트 정도밖에 모을 수 없다고 한다.

경제적 불평등이 전 세계적 이슈가 된 지 오래되었다. 물까지 사

먹어야 하는 시대, 그대로 두면 이러한 현상은 더 심해질 것으로 예상된다. 이쯤 되면, 이 문제에 둔감한 것이 오히려 더 이상한 일이다. 금년 아카데미 4관왕에 빛나는 봉준호 감독의 〈기생충〉과 남우주연상을 받은 영화 〈조커〉는 모두 경제적 불평등을 직접 다루고 있다.

"게으르지 않고 성격이 고약한 것도 아닌데 가난한 사람이 있다면, 그곳은 불의가 있는 곳이다."

쿠바 독립운동의 아버지이면서 시인인 호세 마르티의 말이다. 물론 전체가 그렇다고 장담할 순 없다. 그러나 내가 아는 대부분의 치킨집과 카페 주인들은 게으르지도 않고, 성격도 고약하지 않다. 오히려 매우 부지런하고 친절하다. 그런데 왜 꼬리에 꼬리를 물고 망하는 사람들이 많을까? 이 주인들의 실패를 100퍼센트 개인적인 문제로 설명할 수 있을까? 그렇게 설명할 수 있다면, 그건 사실이 그렇기 때문이 아니라, 그렇게 믿고 싶기 때문일 것이다.

인간은 신이 아니다. 모든 경제 활동을 속속들이 파악할 수 없다. 우리는 단지 각자의 믿음을 잘 보여 줄 수 있는 일부 사실을 논리적으로 연결해 이것이 전체의 모습이라고 말하고 싶을 뿐이다. 이 과정에서 얼마나 많은 진실이 버려지는지는 곰곰이 생각하고 비판적으로 따져 보는 사람만이 알 수 있다.

돈의 철학을
바꿔야 할 때

토마스 아퀴나스는 가격을 고정된 것으로 이해했다. 왜냐하면 가격이란 신께서 그 물건이 가진 유용성을 정확하게 판단한 결과이기 때문이다. 신은 실수하지 않는다. 한편, 신이 유용한 것으로 판단한 것 역시 계속 유용한 것으로 남는다. 따라서 가격은 변할 수 없다는 결론이 나온다.

아퀴나스가 우리 시대에 살았다면 놀라 기절했을 것이다. 우리는 같은 물건도 파는 사람마다 가격이 다른 시대에 살고 있으니까. 만약 아퀴나스가 이걸 봤다면, 적어도 가격을 매길 수 있는 것과 없는 것을 구분하자고 틀림없이 주장했을 것이다.

플라톤과 아리스토텔레스는 돈이 돈을 버는 것, 즉 일하지 않고 돈을 버는 것을 자연원리에 어긋나는 일로 받아들였다. 불로소득을 대놓고 칭찬하기란 쉽지 않다. 그러나 우리나라에서는 건물주를 조물주보다 높다고 생각한다. 아파트나 상가 등 부동산 투자를 통해 버는 돈을 정당한 이익이라고 믿는다. 이런 믿음을 가진 사람들이 국민의 반 이상을 차지한다면, 그렇게 가야 한다. 반대로, 이와 다른 믿음을 가진 사람들이 반 이상이라면, 또한 그렇게 가야 한다. 이래저래 정치는 중요하다.

공자는 부자 되는 것이 옳다면 시장에서 채찍질하는 직업이라도 마다하지 않겠다고 했다. 그러나 그것이 옳지 않은 일이라면, 그냥 자신이 좋아하는 것을 하겠다고 했다. 이를 통해 우리는 공자의 직업 선택 기준을 알 수 있다. 첫째, 그것이 옳은 일인가? 둘째, 내가 좋아하는 일인가? 인생 후반전, 새로운 직업을 선택하려는 우리에게 좋은 선택 기준을 보여 준다.

양혜왕은 전국적으로 유명한 선생들을 모시고자 노력했다. 어느 날, 그는 드디어 맹자를 만났다. 양혜왕은 자신이 가장 궁금한 것부터 물었다.

"선생님께서는 우리나라에 어떤 이익을 주시려고 천리 길도 마다하지 않고 오셨습니까?" 이에 대해 맹자는 대뜸 이렇게 대답한다. "(왕은 정치에 필요한 수많은 것 중에) 왜 하필 이익을 말씀하십니까?"

정치인들 중에는 경제를 책임지겠다고 장담하는 사람들이 있다. 우리는 그 거짓말을 알면서도 찍어 준다. 맹자가 보기에 정치인들이 해야 할 일 중 경제는 후순위였다. 정치하는 사람이라면, 한 나라가 나라답게 유지될 수 있는 근간이 무엇인지 고민해야 한다고 맹자는 생각했다.

지금은 우리나라를 나라답게 만드는 가치가 무엇인지 심각하게 고민해야 할 때다. 당장이야 급한 마음에 돈만 된다면 무슨 일이든 하고 싶을 수 있다. 그러나 그 일이 나 말고 다른 사람들도 함께 잘 살 수 있는 일인지를 먼저 생각해야 한다.

생각해 보면, 내가 치킨을 팔던, 커피를 팔던, 그걸 사주는 사람은 내가 아니다. 다른 사람들이 점점 가난해지는 상황에서 나만 잘 먹고 잘 살 수 있는 비법은 없다. 내 주머니만 바라보면 오히려 주머니가 더 가벼워진다. 이게 자본주의에서 말하는 시장의 원리다.

어떤 친구는 "내가 어떻게 자리 잡았는지 네가 봤다면 그런 소리 못한다"며 씩씩거린다. 나는 그 친구가 잘못되었다고 생각하지 않는다. 내가 속속들이 알진 못하지만, 그 친구가 너무 많은 수고를 했다는 건 안다. 그의 수고에 비하면 지금 누리는 보상은 오히려 적어 보인다.

다만, 이제 내가 먹고살만하다고 해서, 다른 사람들이 어떻게 살고 있는지, 우리나라가 어떤 목표를 향해 나가야 하는지 고민하지 않는다면, 천신만고 끝에 어렵게 잡은 내 자리도 빼앗길 가능성이 커지지 않을까 하는 것이 내 생각이다.

1955년부터 1974년까지 태어난 사람이 1,500만 명에 이른다고 한다. 이들이 목구멍이 포도청이라는 생각으로 산다면 당분간 우리나라엔 희망이 없을 것이다. 반대로, 인생 성숙기의 1,500만 명이 돈의 철학을 바꾸고, 우리 사회가 어디로 가야 할지 고민한다면, 우리 사회는 분명 달라질 것이다.

자기 영혼을 돌보기 위한 철학 노트

사회학자 뒤르켐에 따르면, 사람들은 본래 각자 다른 방식으로 세상을 이해하도록 태어났지만, 사회에서 살면서 구성원끼리 결합하도록 만드는 '사회적 심상'이 생긴다고 합니다. 그는 이를 '종교'라고 불렀습니다.

뒤르켐이 오늘날 한국 사회를 봤다면, 한국의 종교는 돈이라고 할지도 모릅니다. 은퇴 후에도 돈을 종교를 삼아야 할까요?

1

은퇴 후 직업을 선택할 때, 스스로 세운 기준이 있는지요?

그 기준은 무엇을 지키기 위한 것인가요?

2

경제 현상에 있어, 우리는 객관적 사실을 그대로 설명하는 것일까요,

아니면 내심 바라는 결론을 사실처럼 꾸미는 걸까요? 경제학을 포함해서

인간의 학문이란 객관적일 수 있을까요? 여기엔 긍정과 부정의 답

모두 가능합니다. 왜 그렇게 생각하나요?

3

정치적 주권과 경제적 권리를 어떻게 조화시켜야 나와 이웃의 행복에 도움이

될까요? 개인 차원에서 노력하는 것이 이 문제를 해결하는 데 도움이 될까요?

20장

다시, 행복

삶은
단계가 아니다

"**그**러니까, 당신 말은 이거잖아. 은퇴하는 건 우리 탓이 아니다. 자책하거나 불안해하지 말고, 회사생활에 어떤 문제가 있었는지 차근차근 돌아봐라. 그러면 나답게 살지 못한 원인이 보일 것이다. 불안은 삶과 연결된 거다. 따라서 나는 누구이고, 지금 어떻게 살고 있는가를 성찰하는 것이 우선이다. 이를 위해 은퇴 후 예상되는 많은 문제들을 철학을 통해 미리 생각해 보자!"

선배들은 내 이야기에 공감해 주었다. 불안을 이해하기 위해 자기 삶과 가치관을 돌아볼 필요가 있고, 철학적 사유가 그 작업에 도움이 된다는 것이다. 이제 그들의 후속조치가 궁금하다.

"그럼, 제일 먼저 마음을 다스리는 것부터 해야겠네. 그거 다 하고 나면 철학책을 좀 읽어 보고, 어느 정도 됐다 싶으면 독서모임에 나가 볼까?"

오랫동안 우리는 상황 파악, 문제점 도출, 해결방안 제시라는 순서에 따라 일을 처리해 왔다. 공부를 할 때는 먼저 자기 수준을 점검하고, 그에 맞게 단계를 조정한 다음, 정해진 시간과 절차에 따라야 했다. 나 역시 그렇게 해 왔고, 좋은 방법이라고 생각한다. 그런데 막상 철학을 직접 내 삶에 적용한다고 하니 어떻게 해야 할까 조심스러운 것이 사실이다. 하지만, 철학을 통해 삶을 재조명하는 문제에서도 어떤 수준이나 단계를 말하는 것이 적절한지는 의문이다.

수신제가치국평천하(修身齊家治國平天下)라는 말이 있다. 철학을 통해 자신을 성찰하라고 하면 수신(修身)을 떠올리기 쉽다. 그리고 일반적으로 자기 몸을 잘 닦은 후에 집안을 다스리는 것이 옳다고 생각한다. 자기 몸도 다스리지 못하는 주제에 어떻게 집안과 국가와 천하를 다스릴 수 있는가 반문한다. 이렇게 되면, 수신→제가→치국→평천하 순서로 서열화된다. 수신은 제가 아래에, 제가는 치국 아래에, 치국은 평천하 아래에 놓인다.

그러나 내 생각은 다르다. 과연 자기 수양을 다 이루었다고 말할 수 있는 사람이 몇 명이나 될까? 자기 수양이 잘 된 사람일수록 오히려 수신이 끝났다고 말하긴 더 어렵진 않을까? 첫 단계인 수신이 언제 끝날지 모른다면, 제가와 치국과 평천하는 도대체 언제 한단 말인가.

철학을 통한 자기 성찰은 그냥 삶 자체다. 삶 따로 성찰 따로 있는 게 아니다. 삶에 단계나 자격 따위는 없다. 아무 이유 없이 던져진 세상에서 인간의 몸을 입고 살아가는 마당에 단계와 수준이 있을 리 없지 않은가.

그럼에도 불구하고 삶의 단계나 자격을 주장한다는 건, 그 의도가 의심스럽다. 이런 주장을 하는 이유는 정말 삶을 잘 살아나갈 수 있는 절차나 자격이 있어서가 아니라고 생각한다. 경험상 둘 중 하나였다. 그런 주장을 해야 생계가 유지되는 경우거나, 그런 주장으로 사람들을 단속하려는 경우이다.

수신제가치국평천하 역시 삶 그 자체를 말한다. 수신은 우리가 삶을 살아가는 동안 계속된다. 가정이 있다면 제가도 살면서 계속 부딪히는 문제다. 한 나라의 국민이라면 치국에서도 벗어날 수 없다. 지구마을에 거주하는 동안 우리는 평천하까지 고민하게 된다. 유난히 넓은 당신의 오지랖 때문이 아니다. 우리 삶이라는 게 원래 그렇게 다 연결되어 있는 것이다.

정답은
없다

우리는 자신의 몸을 성찰하면서 가정을 꾸려나가고, 동시에 나라가 나라다울 수 있는 길이 무엇일까 생각한다. 그게 사람이고 인생이다. 어떤 순서나 절차 그리고 자격 따위에 얽매이지 않고, 우리는 자신이 옳다고 생각하는 바와 삶의 맥락에 따라 어떤 모양이든지 실천하고 있는 중이다.

인간 본성이 무엇인지 알아차리는 것은 어렵지 않다. 내 마음에 뭔가 불안하고 꺼림칙하면 본성과 어긋난 일을 했다고 보면 틀림없다. 집안 일과 회사 일에 쫓겨 나를 돌아보지 못하면 더 불안하고 더 허무한 것도 이러한 본성에 어긋났기 때문이다. 그저 우리집, 우리나라에만 얽매여 살다가, 먹을 것이 없어 굶는 아이들을 보거나, 지구온난화로 더 이상 북극곰을 볼 수 없을지도 모른다는 소식에 마음이 불편한 것도 그 일들이 우리 본성을 건드렸기 때문이다.

사람과 세상 그리고 삶을 묻고 답하는 철학에는 정해진 규칙이 없다. 정답도 없다. 만일 정답을 발견했다면, 그걸 가급적 빨리 버릴 줄 아는 것이 삶에 더 유익할 때가 많다. 정답을 발견한 기쁨은 잠시다. 그 이후로는 자기가 발견한 정답에 질질 끌려다니기 쉽다. 생각이 자유롭게 발산되다가도 '이게 맞나?' 스스로 족쇄를 채운다. 정답의 노예가 되는 것이다.

수업 시간에 충격적으로 들었던 이야기가 있다.

"아리스토텔레스 철학 개념에 대해 다르게 이해할 수 있지요. 누가 보면 틀렸다고 할 수도 있어요. 그래도 그 설명을 듣고 어떤 사람이 마음의 고통에서 벗어났다면, 그게 좋은 이론 아닐까요?"

철학을 삶에 적용할 때 가장 중요한 것은 철학을 통해 제기되는 삶의 근본적인 질문들이 나와 상관있는가에 있다. 이러한 질문과 대답을 통해 내가 다시 행복해지고 있는가 스스로 느끼는 것이 가장 중요하다. 그것이 바로 내 삶에서의 철학 실천이다. 따라서 그러한 철학 실천의 발걸음에는 그 누구도 끼어들 수 없다.

우리는
거짓 행복에 잘 속는다

"**지**난 28년간 한국인의 소득 수준은 4배 넘게 증가했지만 행복지수는 OECD 31개 회원국 중 여전히 하위권으로 조사됐습니다. 전문가들은 묻지마 범죄와 대형사고가 늘어나 불안감이 커지고, 계층 및 세대 갈등이 확산된 탓으로 분석하고 있습니다."

처음 이런 뉴스를 들었을 땐, 행복도 국가 순위로 매겨질 수 있구나 재미있었는데, 이젠 식상하다. 행복을 해석하는 개인의 온도 차와 행복을 표현하는 각국의 문화별 특색은 접어 두고서라도, 행복을 숫자로 표현하고 이를 국가별로 서열화한다는 발상 자체가 아리스토텔레스가 말했던 행복과는 많이 달라 보인다.

아리스토텔레스는 행복을 에우다이모니아(eudae monia)라고 표현했다. 이 말을 분석해 보면, 에우(eu)는 좋다(good)이고 다이몬 (daimon)은 영혼(spirit)이니까, 에우다이모니아는 '좋은 영혼' 정도로 해석할 수 있겠다.

좋은 영혼이란 세상과 자신의 삶을 조용히 바라보고, 이해하고, 받아들일 수 있는 힘을 가진 영혼이다. 아리스토텔레스는 사람들이 자기 영혼을 돌보고, 인생과 세계를 성찰할 수 있는 시간, 즉 여가를 국민들에게 주는 것을 정치의 중요한 목표로 생각했다.

심리학자 마틴 셀리그먼은 에우다이모니아를 사용해 또 다른 형태의 행복을 설명한다. 그는 "당신이 지닌 최고의 힘이 무엇인지를 다시 깨달아, 자기 자신보다 더 크다고 믿는 무언가를 위해 그 힘을 쓴다"는 의미로 에우다이모니아를 새겼다.

그에 따르면, 행복은 개인적인 평정 상태에 멈춰 있지 않는다. 행복은 분명히 개인적인 나에게서 출발하지만, 나를 넘어선다. 에우다이모니아는 나의 영혼을 품고 더 큰 영혼을 향해 나아간다.

그동안 우리는 거짓 행복에 속아 왔다. 학창시절엔 키, 몸무게, IQ, 내신 등급, 성적 전국 상위 몇 퍼센트, 좋은 대학이 행복을 가리키는 줄 알았다. 커서는 연봉, 실적, 성과평가, 자동차 크기, 아파트 평당 가격, 안정적인 연금 등이 행복을 가늠하는 기준으로 사용되었다. 영혼을 돌볼 수 있는 쉼과 회복의 시간이 행복의 기준이라고 누군가 말했다면 개 풀 뜯는 소리 그만하라고 했을 거다.

은퇴를 준비하는 지금, 이제 삶을 숫자로 표시하는 방식에서 벗어날 필요가 있다. 그 방법이 틀렸다는 말을 하려는 게 아니다. 그 누구도 다른 사람의 삶을 평가할 수 없다고 말하려는 거다. 어느 한쪽으로 치우치는 건 행복에 해롭다고 말하고 싶다. 삶의 균형을 잡아야 한다. 자꾸 절뚝거리면 좋았던 부분까지 망가진다. 아무리 강철 같은 의지로 참는다 해도 오래가지 못한다. 결국 주저앉게 된다. 그래서 에우다이모니아를 균형 잡히고 평온한 영혼의 상태로 해석하기도 한다.

나보다 더 큰
무언가를 위해

그럼, 어떻게 사는 것이 삶의 균형을 잡아 줄까? 방금 봤던 마틴 셀리그먼의 말에 힌트가 있다. 그는 행복을 첫째, 내 안에 있는 최고의 힘이 무엇인지를 다시 깨닫는 것. 둘째, 이 힘을 자기 자신보다 더 크다고 믿는 무언가를 위해 사용하는 것으로 이해했다. 우리는 내 안에 있는 최고의 힘을 다시 깨달을 때 행복하다. 우리는 그 힘을 나보다 더 중요하다고 생각하는 목적을 향해 사용할 때 행복하다. 우리는 인간이다. 인간은 그런 존재다.

우리가 회사에서 어떻게 생활했는지 돌아본 건, 내 안에 있는 최고의 힘이 무엇인지 '다시' 깨닫기 위한 첫걸음이었다. 해적들이 숨겨

둔 상자에서 보물을 꺼내려면 땅을 파고 뚜껑에 수북이 쌓인 먼지를 먼저 쓸어내야 한다.

내면의 힘과 품격은 원래부터 당신 안에 있었다. 이것들이 회사 생활로 인해 감춰져 있었을 뿐이다. 내면의 힘과 품격을 '다시' 꺼내려면, 그 위를 덮고 있는 감정과 기억들을 털어내야 한다.

이것이 원망하는 마음을 글로 써 보기도 하고, 과거형 인간을 현재형 인간으로 바꾸기 위해 독서모임에 참석해 보기도 하는 이유다. 이것이 오롯이 내가 되는 규칙을 스스로 만들고, 혼자만의 시간이 주는 혁명을 도모하는 이유이기도 하다. 진정한 나만의 가능성을 찾아 에너지를 충전 받는 것이다.

내면이 꽉 차올랐다면, 이제는 누군가를 위해 무엇이 되기를 꿈꾸자. 나만을 위한 동방의 귀인이나 사주팔자는 그만 말하자. 불안은 나답게 살지 못했던 양심이 깨어나는 소리다. 그는 일어나 스스로 만든 삶의 의미와 가치를 향해 자신을 던지라고 나에게 외치고 있다.

그러기 위해서는 나만을 사랑해서는 안 된다. 내 안에 감춰져 있던 최고의 힘은 나를 벗어나 세계와 타자를 위해 사용되어야 한다. 휴대폰도 충전된 후 남을 위해 일하고, 자동차도 기름을 먹으면 남을 태우고 다닌다. 하물며 사회적 존재인 인간이 회복된 이후에도 자기만 바라보고 있다면 그 존재 가치에 걸맞지 않는다.

타자와 세계는 멀리 있지 않다. 배우자, 자녀, 친구 속에 이미 있었다. 다만, 우리는 그들을 나의 소유물처럼 생각해 왔고, 그래서 쉽게 망각했을 뿐이다. 누구의 소유가 되어버린 사람처럼 완벽하게 잊히는 건 없으니까.

행복의 손가락이
가리키는 곳

나보다 더 큰 무엇은 멀리 있지 않다. 행복의 손가락이 가리키는 더 큰 무엇은 바로 내 옆에 있는 다른 사람들이다. 왜냐하면 다른 사람은 내 눈으로 볼 수 없는 걸 보고, 내 귀로 들을 수 없는 걸 듣고, 내 머리로 생각할 수 없는 걸 생각하기 때문이다.

다른 사람을 위해 사는 것은 삶에 행복을 준다. 그것이 우리의 본성에 알맞기 때문이다. 본성에 맞는 삶이 자연스런 삶이다. 자연은 '스스로 그러하다'는 뜻이다. 스스로 그러한 대로 사는 것, 그게 행복이다. 생긴 대로 살면 된다.

프랑스의 철학자이자 정신분석학자인 자크 라캉은 "인간은 타자의 욕망을 욕망한다"고 말했다. 이 말의 의미는 인간은 본성상 다른 사람의 욕망의 대상이 되고 싶어 한다는 것이다. 아기는 엄마가 오직 자기만을 바라봐 주길 원한다. 아기는 자신이 엄마의 유일한 욕망의 대상이 되길 바란다. 엄마가 자기를 잠깐만 혼자 둬도, 아기는 세상 떠나가라 운다.

다른 사람이 나를 욕망하도록 원하는 본성은 어른이 되어서도 같다. 그것이 충족되는 것만큼, 나의 존재 모양이 달라진다. 식탁, 소파, 의자 등 가구를 어떻게 놓느냐에 따라 거실 분위기가 달라지듯이, 다른 사람들이 나를 어떻게 욕망하느냐에 따라 나의 기분도 달라지는 것이다. 나의 기분이 곧 존재의 모양새다. 라캉의 말은 타자의 욕망에 따라 우리 자신의 존재 모양이 바뀔 수 있다는 가능성을 보여 준다.

자신의 세계에서 빠져나오지 못하는 정신 상태를 자폐라고 한다. 나의 소유, 나의 명예, 나의 권력만을 쫓는 나르시시즘은 자폐와 다를 바 없다. 현대 사회는 철저히 내가 타자의 욕망에 따라 살도록 되어 있다. 그렇게 남에게 전적으로 의존해 있으면서도 우리는 오직 나를 위해 산다고 굳게 믿는다.

프랑스의 철학자 에마뉘엘 레비나스는 내가 나를 구성하는 주체의 철학이 오히려 인간을 더 외롭고 병들게 만든다고 말한다. 주체하면 무소의 뿔처럼 혼자서도 씩씩하게 살 것 같은데 말이다.

그는 내 앞에 있는 타자의 얼굴을 통해 오히려 인간은 진정한 자유를 느낀다고 한다. 타자의 시선을 통해서만, 내가 모르고 있던 나에게서 벗어날 수 있기 때문이다. 나에게서 벗어나는 자유야말로 궁극의 자유다.

고통받고 있는 이웃의 얼굴은 내가 지금 여기 왜 존재하는가를 날카롭게 질문한다. 나에게서 벗어나 그의 고통과 대면했을 때, 인간은 자기 내면의 힘을 어디에 사용해야 할지 깨닫게 된다. 나보다 더 크고 의미 있는 존재로서 이웃은 내 앞에 항상 존재한다. 내 앞에 있는 일그러진 이웃의 얼굴은 지고의 가치인 신의 얼굴과 닮아 있다.

나의 내면에서 벗어나지 못하는 행복, 국가가 숫자로 뽑아낸 행복은 처음에는 불꽃 같은 경쟁심을 부추긴다. 그러나 이것은 오래가지 못한다. 뒤따라 붙는 건 권태와 허무다. 반면, 이웃은 무미건조했던 삶에 의미를 새겨 넣는다. 그 의미를 쫓아 사는 것이 행복한 삶의 모습 중 하나다.

변화를 만드는
유일한 힘

한참 달리던 택시에서 벌어진 일이다. "저, 기사님 제가 어디 가는 중이었죠?" 택시 기사는 깜짝 놀라며 이렇게 말했다. "대체 언제 타신 거예요?"

우리는 "행복이란 무엇인가?"라는 질문을 잊고 산다. 그런데도 누가 인생의 목적이 뭐냐고 물으면 행복이라고 대답한다. 우리는 이 우스갯소리에 등장하는 사람들과 다를 바 없다. 우린 삶의 기초들을 자꾸 망각한다. 나는 누구인지, 행복이란 무엇인지, 나는 지금 행복하게 살고 있는지를 말이다.

아리스토텔레스는 어떤 존재란 그가 하는 본질적 활동(ergon)

그 자체라고 보았다. 그렇다면, 인간의 본질적 활동이란 무엇일까? 그에 따르면 식물, 동물과 구별되는 인간만의 본질적 활동은 이성 활동이다. 이성 활동에는 두 가지 의미가 있다. 하나는 이성에 순응한다는 의미이고, 다른 의미는 이성을 통해 사고한다는 뜻이다.

아리스토텔레스는 이성에 순응할 수 있는 내면의 힘을 성품(praxis)이라고 불렀고, 이성을 통해 생각하는 것을 지적 활동(theoria)이라고 불렀다.

문제는 성품과 지적 활동이 모두 세상에서 발휘된다는 점이다. 따라서 다른 사람을 상실하거나 불편하게 하는 성품과 지적 활동이란 있을 수 없다. 참된 이기주의자는 자신만을 사랑하는 사람이 아니라, 세상 속에서 타자를 향해 자신의 성품과 지적 활동을 발휘하는 사람이다. 다시 행복을 말해야 한다면, 우리는 나를 넘어서서 가족과 친구 그리고 공동체 속에서 무엇이 행복인지, 행복은 무엇이어야만 하는지를 같이 물어야 한다. 행복은 바로 이런 질문 속에 있다.

이미 몸은 시간이 스쳐간 자리가 아프다고 신호를 보낸다. 분명했던 사실이 깜빡거리다가 희미해지고, 이내 사라지고 없어진다. 두렵지만, 사라지는 것 중엔 가족의 얼굴과 심지어 나의 얼굴까지 포함될지도 모른다. 결국 우리는 영정 속으로 먼저 떠난 친구를 다시 만나게 될 것이다.

그렇다면 지금 여기에서 우리는 어떻게 살아야 할까? 은퇴 후 주어진 삶의 여유와 인생의 지혜를 어떻게 써야 할까? 이런 묵직한 질문에도 내가 그대로 멈춰 선다면 아무것도 변하지 않는다. 내가 하는 새로운 선택, 그것만이 변화를 만들 수 있는 유일한 힘이다.

자기 영혼을 돌보기 위한 철학 노트

아리스토텔레스는 내 안에 있는 능력과 감정이 어떤 수단이 아닌 목적 그 자체로 발휘될 때 인간은 행복하다고 말했습니다. 그가 볼 때 낮은 목적은 그보다 높은 목적보다 완전할 수 없습니다. 하위 목적은 상위 목적의 수단에 불과하기 때문입니다.

은퇴 후, 당신이 선택한 가장 높은 목적은 무엇입니까?

1

나만의 본질적 활동에는 어떤 것들이 있나요? 운동, 독서, 낚시 등도 좋습니다. 그런 활동을 할 때, 자신이 느끼는 감각과 기분 그리고 시간 의식을 적어 주시겠습니까? 당신은 바로 그렇게 세상에 존재합니다.

2

내가 가진 내면의 힘이란 뭐라고 생각하세요? 그중에서 최고는 무엇인가요? 그것들을 다시 깨닫기 위해 지금 할 수 있는 일은 어떤 것이 있을까요?

3

내 안에 있는 최고의 힘을 다시 발견했다면, 이 힘을 어디에 쏟고 싶나요? 그것은 자기 자신보다 더 크고 가치 있는 것인가요? 나를 나로부터 벗어나게 만드는 사람은 누구이고, 그런 일에는 어떤 것이 있을까요?